U0505785

国家社科基金项目成果 经管文库

Research on Viable Path for
Low-carbon Urbanization in China

我国城镇化阶段的
低碳发展路径研究

易艳春／著

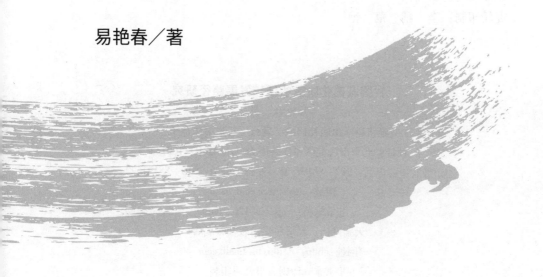

中国财经出版传媒集团
经济科学出版社
Economic Science Press

图书在版编目（CIP）数据

我国城镇化阶段的低碳发展路径研究/易艳春著.—北京：
经济科学出版社，2020.11
（国家社科基金项目成果经管文库）
ISBN 978 - 7 - 5218 - 2055 - 3

Ⅰ.①我… Ⅱ.①易… Ⅲ.①中国经济 - 低碳经济 -
经济发展 - 研究 Ⅳ.①F124.5

中国版本图书馆 CIP 数据核字（2020）第 219858 号

责任编辑：胡成洁
责任校对：王肖楠
责任印制：李 鹏 范 艳

我国城镇化阶段的低碳发展路径研究

易艳春 著

经济科学出版社出版、发行 新华书店经销

社址：北京市海淀区阜成路甲 28 号 邮编：100142

经管中心电话：010 - 88191335 发行部电话：010 - 88191522

网址：www. esp. com. cn

电子邮箱：espcxy@ 126. com

天猫网店：经济科学出版社旗舰店

网址：http://jjkxcbs. tmall. com

北京季蜂印刷有限公司印装

710×1000 16 开 9.75 印张 180000 字

2020 年 11 月第 1 版 2020 年 11 月第 1 次印刷

ISBN 978 - 7 - 5218 - 2055 - 3 定价：45.00 元

（图书出现印装问题，本社负责调换。电话：010 - 88191510）

（版权所有 侵权必究 打击盗版 举报热线：010 - 88191661

QQ：2242791300 营销中心电话：010 - 88191537

电子邮箱：dbts@ esp. com. cn）

国家社科基金项目成果经管文库
出版说明

我社自 1983 年建社以来一直重视集纳国内外优秀学术成果予以出版。诞生于改革开放发轫时期的经济科学出版社，天然地与改革开放脉搏相通，天然地具有密切关注经济领域前沿成果、倾心展示学界翘楚深刻思想的基因。

2018 年恰逢改革开放 40 周年，40 年中，我国不仅在经济建设领域取得了举世瞩目的成就，而且在经济学、管理学相关研究领域也有了长足发展。国家社会科学基金项目无疑在引领各学科向纵深研究方面起到重要作用。国家社会科学基金项目自 1991 年设立以来，不断征集、遴选优秀的前瞻性课题予以资助，我社出版了其中经济学科相关的诸多成果，但这些成果过去仅以单行本出版发行，难见系统。为更加体系化地展示经济、管理学界多年来躬耕的成果，在改革开放 40 周年之际，我们推出"国家社科基金项目成果经管文库"，将组织一批国家社科基金经济类、管理类及其他相关或交叉学科的成果纳入，以期各成果相得益彰，蔚为大观，既有利于学科成果积累传承，又有利于研究者研读查考。

本文库中的图书将陆续与读者见面，欢迎相关领域研究者的成果在此文库中呈现，亦仰赖学界前辈、专家学者大力推荐，并敬请经济学界、管理学界给予我们批评、建议，帮助我们出好这套文库。

经济科学出版社经管编辑中心

2018 年 12 月

本书为国家社科基金项目成果
（批准号：14BJY068）

序言

城镇化是中国经济增长的重要引擎。城镇化进程自我国改革开放启动时开始，到 2018 年，中国城镇化率已达到 59.58%。未来我国城镇化进程仍将快速推进，城市规模将继续扩张，到 2030 年中国常住人口城镇化率将达到 68%，到 2050 年城镇化进程将发展到城镇化成熟期，城镇化水平达到 80%。城镇化过程中的碳排放问题已引起政府与学界的广泛关注，研究中国城镇化阶段的低碳发展路径具有非常重要的理论价值与现实意义。

本书利用低碳经济理论和新经济地理学的理论成果，基于中国城镇化的实际进程，利用地级市的最新面板数据，对城市人口规模和空间结构演进过程中碳排放的变动及影响机制进行实证研究。首先，就城镇化与碳排放进行了理论分析，探讨了城镇化进程中城镇人口规模对碳排放的影响，运用自回归分布滞后方法和门限回归模型揭示城镇人口规模的碳排放效应，发现低碳约束下的最优城镇规模；其次，采用中国地级城市的面板数据，探讨城镇空间结构的碳排放效应，并发现了紧凑城市的证据；再次，探讨城镇人口规模增长过程中产业集聚对城市人口规模及碳排放的影响机理，分析了城镇空间结构演进过程中交通与产业结构对碳排放的影响机制；最后，在理论分析与实证研究的基础上得出结论，并探讨出中国城镇化阶段的低碳发展路径。

本书通过实证研究，发现以下规律。

（1）在长短期内，城镇化与二氧化碳排放是正相关关系。目前我国处于城镇化快速推进的发展阶段，大规模的农村人口转移至城市。城镇化水平的提高，在解决我国发展问题的同时，也带来了二氧化碳排放量的增长。这是由城镇化进程中高耗能的增长特征带来的，城镇人口的人均能源消费大大高于农村人口，农村人口向城市的转移必然带来能源需求和碳排放的压力。

（2）反映中国城镇人口规模与碳排放之间的非线性回归模型有2个门限值，分别为127万人和510万人；[①] 在不同的城镇规模下，人口规模对碳排放的影响是不同的。中等城市的人口增加引致的碳排放增量最少，其次是人口少于510万人的大城市，而特大和超大城市的城镇化进程带来的碳排放增加是最多的。这是因为，首先，城镇化进程中，特大与超大城市的城镇化速度快于其他人口等级的城市。大量的人口从农村或中小城市迁移进入特大与超大城市，人口激增带来了碳排放的激增。其次，特大与超大城市的人口膨胀刺激了城市空间分布"摊大饼"式的扩张，城市低密度无序蔓延带来了碳排放剧增。再次，始于20世纪80年代的大城市郊区化使得市民通勤距离加长，导致了私人轿车数量的激增与交通拥堵，从而增加了环境压力，带来了巨大的交通碳排放。最后，城市越大，公共基础设施越发达，而公共基础设施的建设、运行和维护造成额外的能源消耗和二氧化碳排放。

（3）紧凑的城市是低碳的。城镇空间结构是影响碳排放的重要因素，在本书总样本和东、中、西部城市样本中，居住密度的提高均显著减少了二氧化碳排放。居住密度提高意味着城镇人口分布紧

---

① 这里的表述源于魏后凯在2016年12月11日第七届中国中部发展论坛上的发言，https://www.gs.whu.edu.cn/info/1061/2482.htm.

凑化。城镇人口分布紧凑化，不仅能够实现人口聚集带来的外部性收益，而且能够通过资源的集约利用提高能源利用效率，而最终实现碳减排。

（4）城市人口规模增长过程中产业集聚水平不断提高，能够产生正的外部性，节约成本，改善能源利用效率，从而降低碳强度。产业集聚通过基础设施共享、中间投入品共享、劳动市场共享和技术溢出，提高了劳动生产率，节约了能源，降低了碳排放。以就业密度度量的产业集聚对于地区碳排放有减排作用。城市就业密度增加 1%，中等城市碳排放减少 1.468%，人口在 100 万～500 万人的大城市碳排放减少 1.304%，而人口大于 500 万人的特大和超大城市的碳排放减少 0.787%。产业集聚在中等城市和人口小于 500 万人的大城市的减排效果较好，能够显著地减少城市碳排放。随着城市人口规模的扩张，产业集聚引致的碳减排效果是递减的，原因可能在于，首先，不同规模城市的产业集聚带来的规模收益是不同的。规模较大的城市的集聚效应促进了效率的提高和专业化生产，带来了规模经济和收益递增。但随着规模进一步扩张，反而增加了交易成本，导致规模不经济。其次，产业集聚通过提高能源利用效率实现了碳减排。但当集聚效应进一步增大时，就业人口规模增加产生的能源消费增长和碳排放上升效应越来越明显，部分抵消了产业集聚引起的能源节约和碳排放下降效应，导致产业集聚的碳减排效果递减。

（5）城镇交通对城镇空间结构及碳排放形成了重要影响。公交车数量增加 1%，交通碳排放减少 1.28%～1.327%。每万人拥有公交车数增加 1%，交通碳排放减少 0.23%～0.265%。原因在于城市公共交通对私家车出行具有替代效应，城市公共交通资源的增加和利用效率的提高，能够降低私家车出行频率，从而降低交通碳排放。交通运输方式的变迁对城镇空间结构的演化带来了重要影响，从而影响交通碳排放。交通部门的改善从两个方面影响交通碳排放。一方面是公路等交通基础设施的改善增加了交通消费的引致性需求，在一定程度上增加了出行的意愿，带来交通碳排放上升；另一方面，公共交通系统的优化促进了紧凑型城市的形成，地铁、轻轨、公交车等公共交通方式代替了部分私人小汽车出行从而降低了燃料需求和交通碳排放。

本书利用计量经济学的方法与工具，结合我国城镇化的实际过程，用基于新经济地理学、低碳经济理论的研究结论，对我国城镇化进程中城市人口规模与城市空间结构对城市碳排放的影响和影响机制进行深入探讨，提出以下低碳发展路径建议。

1. 建立紧凑型城市，提高人口密度和居住密度

首先，要构建紧凑式城市空间结构。要控制分散蔓延式的城市开发模式，推荐集中及邻近的开发模式。对于中国来说，迫在眉睫的是要控制城市"摊大饼"式郊区化扩张及解决分散化所带来的职住分离问题。城市的无序扩张破坏了紧凑且低碳的邻里结构，刺激了远距离导致的机动车出行。本书推荐土地混合利用和多样化开发，提高公共交通、商业设施和就业的可达性，推荐公共交通为主导的开发模式。

其次，建立紧凑的城市住房规划。

最后，构建紧凑城市须考虑城市的发展阶段和自身特点。城市管理者要抓住城市发展的长期趋势，构建具有时效性的紧凑城市管理方案。

2. 提倡发展中等城市，建立低碳城市

本书研究发现，低碳约束下的最优城市规模为人口规模在50万~100万的中等城市和人口规模在500万以下的大城市。发展中等城市和500万人以下的大城市，比小城镇和特大及超大城市更有利于控制二氧化碳排放。因此，为了实现我国城镇化阶段的低碳发展，应促进人口向中等城市和500万人以下的大城市集聚。

3. 发展城市绿色交通

鼓励步行和自行车等非机动方式的出行，优先发展公共交通，完善车牌管理，提高车辆的拥有成本，控制汽车保有量过快增长，鼓励低碳和零碳燃料的普及使用，减少对小汽车依赖，构筑城市绿色交通体系，降低城市能耗和碳排放。

4. 在城市规划中体现低碳发展，推动低碳城市建设

建设低碳城市，要推动城镇产业从高碳产业向低碳产业升级，并充分发挥绿色技术和绿色金融的配套功能，加快传统产业的低碳转型，将低碳环保产业做大做强，构建技术含量高、低污染、低能耗的低碳产业体系，要稳步推进已有建筑进行低碳化改造，推广新建绿色建筑；通过城市规划对城市空间进行合理布局，缓解城市地少、人多和能耗高的矛盾。

目　录
Contents

第1章 导　　论

1.1　问题的由来

　　英国科学家廷德尔（Tyndall）对瑞士冰川的观察开启了人类对地球温度的思考，对于地球温度的奥秘，很多科学家也都展开了探索，最终发现了大气中一些气体所拥有的温室效应。地球的大气层含有二氧化碳和其他温室气体。100 千米高的大气层就像一个厚厚的毯子，充当了地球温度的平衡者，这样地球的温度就可以保持在一个适当的范围之内，既不会太热也不会太冷，地球也就成为一个适宜生命生存的星球。英国工程师卡伦德对于二氧化碳以及它对气候的影响研究结论显示，大气中二氧化碳的含量确实正在增加，而这会导致气候变化，更具体地说就是会导致全球变暖。

　　美国科学家基林（Keeling）毕生致力于大气二氧化碳含量的测量，并最终绘出了显示大气碳浓度上升的基林曲线（见图 1-1）。基林曲线成为温室效应的核心证据，标志着气候科学研究工作出现了巨大的转变，为现代气候变化理论和当前的能源系统转型奠定了基础。

　　基林的研究发现，大气中的二氧化碳含量的确正在上升。1959 年，大气中二氧化碳的浓度为 316ppm，1970 年为 325ppm，1990 年为 354ppm。预计到 21 世纪中期，大气中的二氧化碳会翻番。

　　如果二氧化碳和其他温室气体的浓度增加太多，过多的热量就会被锁定在地球大气层内。世界会变得过于炎热，气候也可能会出现剧烈变化，最终地球上的生命都将会受到严重影响。地球平均气温仅仅上升 2℃~3℃，就会给地球带来严重的破坏：地球冰盖融化，沿海地区遭淹，良田变为沙漠，物种减少，极端天气增加。

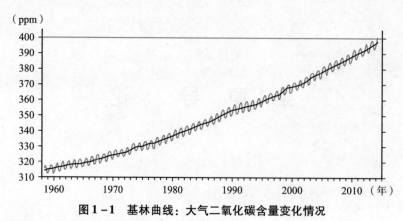

图1-1   基林曲线：大气二氧化碳含量变化情况

资料来源：美国二氧化碳信息分析中心（Carbon Dioxide Information Analysis Center, CDIAC）。

人类活动对大气中碳含量的增加产生了越来越多的影响，主要源于三个因素。（1）人口增长。人口增长导致能源消耗增加，继而碳排放增加。（2）经济增长。随着经济增长，人们拥有了空调、暖气，通过各种交通方式周游世界，货物在某个地方生产，然后通过海洋运输送到地球的各个角落。为了使上述结果变成现实，需要燃烧化石燃料，向大气中排放越来越多的二氧化碳。（3）森林砍伐。大规模的森林砍伐会带来大量的温室气体排放，同时破坏森林的碳汇功能。

二氧化碳排放问题也引起各国政府和民间的共同关注。1988 年，有关大气变化的世界会议在多伦多召开。这是大批政策制定者、科学家和社会活动家首次聚在一起讨论气候变化问题。1992 年，各国在巴西召开了气候变化里约峰会，签署了《联合国气候变化公约》。1997 年，各国在日本京都气候会议上，签署了《京都议定书》，力图达成强制性、有约束性的减排目标。联合国气候变化大会 2007 年在印度尼西亚举行，会议的主要成果是制定了旨在加强落实《巴厘行动计划》的行动方案。《巴厘行动计划》主要包括四个方面的内容：发达国家和发展中国家的减排问题，加强气候变化适应行动，加强温室气体排放及适应气候变化的技术研发和技术转让，为减排温室气体、适应气候变化及技术转让提供资金和金融支持。在 2009 年底的哥本哈根气候会议上，发达国家和发展中国家许下总体减排承诺和适当减排措施（见表 1-1、表 1-2）。

表1-1 发达国家2020年总体减排承诺

国家	减排目标（%）	基期（年）
挪威	30～40	1990
瑞士	20～30	1990
冰岛	30	1990
欧盟	20～30	1990
日本	25	1990
俄罗斯	15～25	1990
新西兰	10～20	1990
美国	3	1990
澳大利亚	5～15 或 25	2000

资料来源：2009年底的哥本哈根世界气候大会。

表1-2 发展中国家2020年适当减排措施

国家	减排目标
中国	碳强度较2005年降低40%～45%
印度	碳强度较2005年降低20%～25%
巴西	未来十年总量减少36.1%～38.9%

资料来源：2009年底的哥本哈根世界气候大会。

2015年12月底，联合国气候变化大会在巴黎召开，并最终达成《巴黎协定》。《巴黎协定》设定了峰值管理和应对气候变化的长期目标，即把全球平均气温比工业化之前水平的升高幅度控制在2℃之内，到2030年全球碳排放量控制在400亿吨，2080年实现净零排放。[①]

根据美国国家航空航天局（National Aeronautics and Space Administration, NASA）的最新的卫星数据显示，随着全球变暖，未来100～200年内海平面上升1米或更多已无可避免。一些地势较低的主要城市如新加坡和东京，可能面

---

① 数据来源：《巴黎协定》。

临被淹没的威胁。[①] 作为主要的温室气体，二氧化碳排放持续增长，全球碳排放由 1751 年的 300 万吨增长为 2014 年的 98.55 亿吨。

考虑到碳排放增加对气候变化的影响及全球变暖给人类未来带来的灾难性后果，低碳增长和零碳增长将成为未来经济增长的必然模式，是人类实现可持续发展的必然选择。习近平主席在 2015 年底的巴黎气候大会上表示：中国 2030 年单位 GDP 二氧化碳排放比 2005 年下降 60% ~ 65%，并争取达到峰值。[②]

二氧化碳的持续上升绝大部分是由人类活动与能源消耗造成的，人类消耗煤、石油、天然气等化石能源，释放二氧化碳等温室气体。作为生产与消费的集聚地，城市是能源的集中消耗地和碳的主要排放地。占世界面积 2% 的城市，产生的温室气体排放却占全球的 75% 左右。因此，未来只有减少城镇的二氧化碳排放，才能降低全球碳排放。

在 2010 年，中国的能耗是 32.494 亿吨标煤，首次超过了美国。根据 CDIAC 的数据，中国矿物相关的碳排放，从 1990 年的 6.66 亿吨到上升到了 2014 年的 28 亿吨。此外，现代经济活动主要集中在城市，中国经济结构的特点体现了二元经济。城市为中国总能耗贡献了 75.15%，城市地区平均每人耗能是农村的 6.8 倍（Shobhakar，2009）。中国前 35 个大城市，只拥有 18% 的人口，却贡献了 40% 的碳排放，城市家庭的碳排放占总量的 73%（Liu et al.，2011）。因此城市在中国的能耗与碳排放中占主导地位，中国减能与降碳的主要压力集中在城市。

中国目前处于城镇化的中期，大量人口涌入城镇，城市人口规模的大幅度扩张显著地加速了碳排放（见图 1 - 2）。2015 年全国城镇化率为 56.1%，[③] 中国城镇化的趋势是不可逆的。在快速的城镇化进程中，不同人口规模的城市不同程度地出现二氧化碳排放增加的问题（见图 1 - 2）。在可持续发展的要求下，中国必须寻求低碳的城镇化路径。在低碳约束条件下，多大的城市人口规模是低碳的，成为中国当前决策层和学者关注的焦点，也是本书关注的重要内容之一。

---

① 资料来源：NASA，新华网 8 月 28 日．http：//news. xinhuanet. com/world/2015 - 08/28/c_12817 4635. htm.

② 资料来源：习近平讲话，新华网．http：//www. xinhuanet. com//world/2015 - 12/01/c_1117 309642. htm.

③ 数据来源：2014 年国民经济和社会发展统计公报。

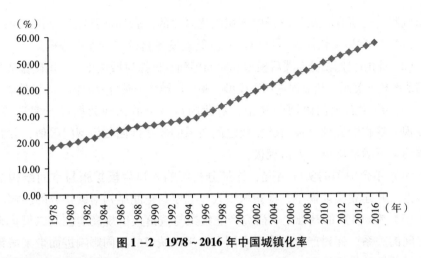

图1-2 1978～2016年中国城镇化率

资料来源：中国统计年鉴。

　　人口、产业、建筑等各种资源在城市的分布状态形成城市的空间结构。为实现低碳的城镇化，合理的城市空间结构分布是关键。城市空间结构分为紧凑型与分散型两种。紧凑的空间结构是指在有限的城市空间内布置较高密度的产业和人口，以城市高密度、功能紧凑为特征，实现资源节约与环境友好（张换兆、郝寿义，2008；韩笋生，2004）。分散的空间结构以低人口密度为特征，城市"摊大饼"式的空间分布形态，往往带来资源环境的破坏。为了实现城市空间结构的低碳化，学者们推荐紧凑的空间结构形态（Fong W et al.，2009；秦波、邵然，2011；潘海啸等，2008；陈海燕、贾倍思，2006），认为紧凑型城市能够减少交通碳排放和建筑碳排放，从而实现低碳化。紧凑的城镇空间结构依靠交通基础设施给予保障，只有增加公共交通资源的数量和提高公共基础设备的使用效率，才能实现紧凑的城镇空间结构。2015年底，中央城市工作会议提出，要坚持集约发展，树立紧凑城市理念，推动城市发展由外延扩张式向内涵提升式转变。建立紧凑城市实现低碳发展的可行性和必要性，是当前中国学术界关注与探讨的重要课题，也是本课题的研究意义之所在。

1.2　研 究 思 路

　　本书基于低碳经济理论、新经济地理学理论，利用现代计量经济学工具对中国经济增长与快速城镇化过程中城镇人口规模与空间结构对碳排放的影响及作用机制进行研究，从而探讨中国城镇化阶段的低碳发展路径（见图 1 - 3）。

（1）导论和文献综述对城镇化阶段低碳发展路径进行理论分析。

（2）利用自回归分布滞后模型和时间序列数据探讨城镇化与中国碳排放的长短期动态相互关系，建立误差纠正模型，验证城镇化与碳排放的相互因果关系。

（3）应用面板门限回归模型，对我国地级市的面板数据进行实证检验，以发现反映我国城镇规模与碳排放之间关系的非线性回归模型门限值，并找到低碳约束下的最优城镇人口规模。

（4）结合中国的实际情况，详细分析影响人口规模扩张与空间结构演变的因素，并建立实证模型，检验城镇人口规模与空间结构对碳排放的影响。

（5）在（4）的基础上，研究产业集聚与城镇人口规模增长及二氧化碳排放之间的关系，探讨产业集聚对不同人口规模城市的不同影响进而带来城镇碳排放异质性的作用机制。

（6）根据（4）得到的结果，研究城镇空间结构演变对城市碳排放的影响机制。根据中国城镇化的实际进程，探讨城市空间结构影响碳排放的机理，就城市交通在其中的作用进行理论分析，并进行实证研究。

（7）根据前面的理论分析与实证研究，对我国城镇化阶段的低碳发展路径进行探讨与归纳。

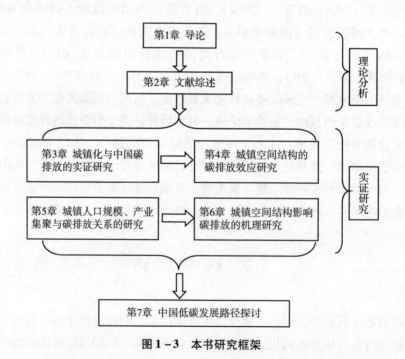

图 1 - 3　本书研究框架

1.3　主要内容

基于对已有文献的搜集和归类分析，本书发现，现有的研究为城镇化与碳排放的关系提供了理论和实证基础，多数学者从人口规模扩张的角度探讨城镇化与碳排放之间的关系，少有学者运用其他综合的城镇化指标如城市空间结构等考察两者之间的关系。除了城镇人口这一变量外，本书将城镇空间结构的扩张、城镇人口密度等都包括进来，通过理论分析与实证检验，发现人口规模与空间结构如何影响碳排放，从而探讨出针对城镇化阶段的低碳发展路径。

1. 城镇化与中国碳排放关系的研究：基于自回归分布滞后模型（ARDL）的分析

本书应用彼萨兰（Pesaran et al.，2001）提出的自回归分布滞后模型和1978~2013年的时间序列，探讨城镇化与中国碳排放的长短期动态相互关系，在此基础上建立误差纠正模型验证城镇化与碳排放的因果关系。发现在长短期内，城镇化与二氧化碳排放都是正相关的关系，城镇化的进程在一定程度上增加了我国环境的压力。

2. 城镇人口规模的碳排放效应研究——基于面板门限回归模型的分析

借鉴汉森（Hansen，1996，1999，2000）的面板门限回归模型，应用我国108个地级城市的面板数据，以人口规模为门限变量进行实证研究，发现反映我国城镇规模与碳排放之间关系的非线性回归模型具有2个门限值。门槛回归的结果显示，城镇化进程显著地增加了碳排放。但在不同城镇规模下，人口规模对碳排放的影响是不同的。中等城市的人口增加引致的碳排放增量最少，其次是人口少于510万人的大城市，而特大和超大城市的城镇化进程带来的碳排放增加是最多的。

3. 城镇空间结构的碳排放效应研究

已有文献在解释城镇化对中国碳排放的影响时，多集中在人口城镇化上，关于城镇空间形态的碳排放效应的实证研究很少。研究采用108个地级及地级以上城市的2003~2013年的城市样本数据，用居住密度度量城镇空间形态，对居住密度等变量影响碳排放的演进进行了实证分析，发现居住密度是影响碳排放的重要因素。不论是在东部城市、中部城市、还是西部城市，居住密度的提高均显著地减少了二氧化碳排放；人口城镇化的进程导致碳排放大幅度增长；我国没有变成外商直接投资（FDI）的"污染天堂"，相反绿色外资的引进显著地减少了城镇碳排放；中东部城市绿色低碳转型的环境红利开始显现，而西部城市的低碳发展模式尚未实现。

4. 城镇人口规模对碳排放的影响机制

城镇化对能源消耗的影响效应分两个方面。一方面是能源消费增加，人口从农村迁入城市，城镇化推动了工业化和经济增长，带来了城市能源消费需求快速上升和二氧化碳排放增加。另一方面是能源效率提高，通过人口集聚和产业集聚，城镇化能够实现能源集约利用，从而提高能效、降低碳排放。那么，对于不同人口规模的城市，能源消费增长与能源效率提高共同作用影响城镇碳排放的净效应是否具有异质性？更为重要地，产业集聚在其中的作用如何？回答这些问题对我国城镇化阶段实现低碳发展至关重要。本书通过对中国城市层面的数据进行实证研究来回应这些问题。对中国地级市面板数据的经验分析，得到了产业集聚能够降低碳排放的经验证据；本书成果还发现，产业集聚对碳排放的影响随着人口规模的变化而变化，人口向中等城市、500万人以下的大城市集聚带来的碳排放下降程度明显大于向特大城市和超大城市聚集。

5. 城镇空间结构对碳排放的影响机制

城镇人口规模增长与人口密度提高使城市空间结构趋向紧凑。在城市空间形态紧凑化过程中，交通基础设施和公共交通资源迅速扩张。那么，随着城市人口密度的提高和紧凑型城市形态的形成，交通碳排放如何变化？本书利用最新的时间序列数据和分省的面板数据进行实证研究，探讨城镇空间结构演化过程中交通对碳排放的作用机制。

根据前面的理论分析与实证研究，得出结论，并探讨出中国城镇化阶段的低碳发展路径。

1.4 本书创新点

（1）与以往关于城镇化与碳排放的研究不同，本书重视城镇规模扩张和空间结构演变对碳排放的影响与作用机理。结合中国城镇化的实际过程，采用中国地级市的最新面板数据，并运用动态面板数据、工具变量分析法等前沿的计量经济学方法进行实证研究，对当前城镇化与低碳经济理论的研究进行了补充。

（2）利用门限回归模型和108个地级市的面板数据探讨城镇人口规模与中国碳排放的动态相互关系，发现不同人口规模的城市对碳排放的影响具有异质性，从而找到低碳约束下的最佳城市人口规模。并且探讨了产业集聚在城镇人口规模与碳排放上升过程中的作用机理，发现了产业集聚对不同人口规模城市的不同影响进而带来城镇碳排放异质性的影响机制。

（3）已有文献在解释城镇化对中国碳排放的影响时，多集中在人口城镇化上，关于城镇空间形态的碳排放效应的实证研究很少。本书采用中国 108 个地级城市 2003～2015 年的城市样本数据，用居住密度度量城镇空间形态，对居住密度等变量影响碳排放的演进进行实证分析，发现城镇空间结构形态演变（紧凑型或者分散型）能够明显影响城镇碳排放。同时，在城市空间结构影响碳排放的机制研究中，探讨了交通的作用。

第 2 章 文 献 综 述

2.1 城镇化与碳排放的关系研究

城镇化与碳排放的关系得到了广泛的研究。其中多数研究使用跨国的面板数据并且发现了城镇化与碳排放之间的正相关关系。帕里克和舒克拉（Parikh and Shukla，1995）使用 83 个发展中国家的面板数据进行实证检验，结果显示，人口规模增长 10% 导致人均碳排放增加 0.3%。谢里夫·侯赛因（Sharif Hossain，2011）利用 9 个新兴工业化国家 1971~2007 年的面板数据进行探讨，也发现了类似的结果。普曼尼冯和卡内科（Poumanyvong and Kaneko，2010）使用 STIRPAT 模型验证了城镇人口规模与碳排放同向变化的关系。卡斯曼和杜曼（Kasman and Duman，2015）使用面板误差纠正模型对欧盟成员国 1992~2010 年的数据进行了检验，发现存在从城镇化到碳排放的单向的短期面板因果关系。奥·穆拉利等（Al-mulali et al.，2012）对 23 国的样本数据进行研究，发现其中大部分国家城镇化与碳排放之间存在正相关的长期关系。科尔和纽梅尔（Cole and Neumayer，2004）的研究表明更高的城镇化水平和更少的平均家庭人口增加了碳排放。通过考察全球排名前十位的碳排放大国，内扎特等（Nejat et al.，2015）认为城镇化是推动温室气体增长的主要驱动力。少数学者认为城镇化与碳排放之间存在负相关的关系，如范等（Fan et al.，2006）对高收入国家的样本进行最小二乘回归，发现样本国家的城镇化与碳排放之间存在显著的负相关关系。穆拉利和奥兹图尔克（2015）对中东和北非国家的生态足迹指标进行观测，发现城镇化加速了这一地区国家的环境退化。利德尔（Liddle，2004）对 OECE 国家的实证分析揭示了城镇化与人均能源消费之间呈显著负相关。乔根森等（Jorgenson et al.，2010）对欠发达国家进行研究，发现城镇化显著增加了总的能源消费，但在这些国家的贫民区，城镇化则显著减少了能源消费。

一些学者从城市层面考察了城镇化与碳排放的关系。在巴基斯坦的拉合尔大都市区，城市扩张挤占农业用地从而刺激了能源消费和碳排放的增加（Ali and Nitivattananon，2012）。然而对加拿大城市的研究却发现截然相反的效应。

也有研究从家户的角度验证城镇化与碳排放的关系。帕乔里和江（Pachauri and Jiang，2008）的研究揭示了印度农村家庭的终端能源消费高于城市家庭。南赛尔（Nansaior et al. 2011）对泰国东北部的家户样本进行研究，发现城镇化与家庭能源消费的正相关关系。

在国别的研究层面，来自美国的热岛效应研究发现城市空间形态与居民能源消费的联系（Lee and Lee，2014）。阿拉姆等（Alam et al.，2007）对巴基斯坦的研究显示，巴基斯坦的经济发展是能源驱动型的，城镇化加速了该国的碳排放。伦曾等（Lenzen et al.，2006）比较了包括澳大利亚、巴西、丹麦、印度和日本在内的国家的影响，并且发现在一段时间内的不同国家城市化对能源消费的影响。帕乔里和姜（2008）比较了印度和中国之间的家庭能源转换，发现农村家庭的平均能耗超过城市家庭。奥尼尔等（O'Neill et al.，2012）发现，城市化的变化对印度和中国的总体排放和能源使用具有一定程度的不成比例的影响，他们的结果也得到了贾雅塔·古玛兰等（Jayantha Kumaran et al.，2012）的证实。林和欧阳（Lin and Ouyang，2014）在快速城市化阶段比较了中美两国能源需求的特点。

随着城镇化进程的加速，中国面对的节能减碳的压力越来越大，城镇化与中国碳排放的研究受到越来越多的关注。林伯强（2010）运用全国层面的时间序列数据，对中国城镇化发展不同阶段的碳排放影响因素和减排策略进行了研究，研究表明，城镇化进程的加速带来了中国碳排放量的增加。孙慧宗等（2010）对中国城镇化和二氧化碳排放进行了协整分析，发现二者之间存在长期稳定的均衡关系，二期滞后时，城镇化是碳排放的格兰杰原因。肖周燕（2011）运用 1949~2007 年的数据进行研究，发现二氧化碳排放随着城镇化水平的提高而不断提高，且改革开放前后城镇化水平对二氧化碳排放影响存在差异。宋德勇、许安（2011）采用 STIRPAT 模型分析城镇碳排放及区域差异的影响因素，结果表明城镇碳排放是中国碳排放的主体。李楠等（2011）从人口结构角度探讨碳排放问题，发现我国的二氧化碳排放与城镇化的进程存在密切关系，人口的城镇化率对碳排放的正向影响最大。在国家层面上，一些学者侧重于碳排放的主要驱动因素研究，并且验证了城镇化与碳排放之间的正相关关系（Wei et al.，2003；Li and Yao，2009）。这是由能源效率不高、能源节约技术水平不足和环保意识缺乏造成的（Fan et al.，2006）。有的学者认为中国城镇化与能源消费之间存在长期的关系（Liu，2009）。沈等（Shen et al.，2005）认为如果未来城镇化以高于预期的速度进行，中国将不可避免地陷入资源短缺。

在城市层面的研究上，也有大量的实证研究成果。舒巴卡尔（Shobhakar，2009）认为随着人均能源消费的提高和城镇化速度的加快，在今后几十年，中国能源的使用将主要由城市主导，但是，能源需求不会限制城镇化进程（Yuan et al.，2010）。顾等（Gu et al.，2011）发现由于交通碳排放、工业碳排放和家庭碳排放，城镇化影响了气候变化：长三角地区 78% 的碳排放由城市产生。在家户层面，总的能源消费可以分成直接和间接的能源消费，碳排放也被分为直接和间接的碳排放。人口的增长、城镇化规模的扩张、家庭人均消费的提高都推动了间接碳排放的上升（Liu et al.，2011）。进一步的研究发现，城市家庭的能源消费增长速度快于农村家庭（Feng et al.，2011）。

最新的文献开始关注城镇化对碳排放影响的异质性，即在不同发展阶段或不同收入水平的样本中，城镇化对碳排放的影响是不同的。马丁内斯·扎佐和马罗蒂（Martinez – Zarzoso and Maruotti，2011）利用 STIRPAT 模型分析了发展中国家 1975 ~ 2003 年的样本数据，并把发展中国家分成三组，发现在不同的样本国家，城镇化对碳排放的影响显示出较大的差异。廖和高（Liao and Cao，2015）发现更高的收入水平和人口密度带来更多的温室气体排放。城镇化显著地增加了交通和公路的能源使用，影响程度随收入差异而变化（Poumanyvong P et al.，2012）。普曼尼冯和卡内尔（Poumanyvong and Kaneko，2010）将 99个国家分成低收入、中等收入、高收入三组，结果发现城镇化降低了低收入国家的能源消费，增加了中高收入水平样本国家的能源消费。在三组样本国家中，城镇化均加剧了碳排放，但这种作用在中等收入国家中表现得最显著。沙玛（Sharma，2011）将 69 个国家分成低收入、中等收入、高收入三组，发现在三组样本国家中，城镇化与碳排放均呈负相关关系。奥·穆拉利等（2012）的研究发现在大多数低收入国家，城镇化与碳排放之间表现出长期的负相关关系。范等（2006）也发现在不同的发展水平下，城镇化对碳排放的影响存在明显差异。城镇化对省级能源消费的影响是非均匀的，因此各省的能源消费政策也应因地制宜（Ma，2015）。王和赵（Wang and Zhao，2015）将中国 30 个省份按经济发展水平（人均 GDP）分成三组，发现在欠发达省份，城镇化对碳排放的影响比其他样本省份更显著。张和林（Zhang and Lin，2012）也发现城镇化对能源消费的效应因地区而异，城镇化对碳排放的影响由我国西部地区向东部地区呈现连续下降的效应。冯等（Fang et al.，2012）发现在低收入国家，城镇化对能源消费的影响不显著，然而在高收入国家，城镇化与能源消费的关系是显著负相关。

城镇化进程通过以下三种途径增加温室气体排放：（1）能源消费转移，特别是从使用生物能源转化为消费化石能源；（2）产品生产和交通运输活动中产生的间接能源消费；（3）终端消费中产生的直接能源消耗。在城镇化影响碳排放的机理研究方面，马德纳和苏纳克（Madlener and Sunak，2011）发现城镇化的不同过程与机制明显地影响了城市结构与人们的行为，进而影响了发达国家和发展中国家的能源消费。城镇化与经济增长紧密相连，原因在于城镇化意味着人口从农村转移进入城市，劳动力从农业转移到工业和服务业，从而增加了能源消费和温室气体排放（Azam M et al.，2015）。周等（Zhou et al.，2011）认为城镇化从四个方面影响了能源消费和二氧化碳排放，即产业结构调整、能源供给的最优化、技术进步和能源的高效利用。霍尔特·达尔和朱兹（Holtedahl and Joutz，2004）从两个方面论证了城镇化增加了居民能源消费。一方面，从农村进入城市可以使居民更方便地取得电力供给；另一方面，从农村迁移进入城市，刺激居民更多地使用或购买家用电器。一些学者研究了城镇化对中国能源消费模式的影响，他们注意到三个部门与能源消耗紧密相关：家庭、交通和建筑，而城镇化深刻地影响了这三个部门，特别是交通与建筑业这两个能源密集型的行业（Fu F et al.，2013）。

奥尼尔等（2012）认为城镇化影响碳排放的机理为：城镇化的经济增长效应、城镇化的消费偏好直接效应和间接效应（通过收入增长实现）。普曼尼冯和卡内科（2010）用三个理论解释城镇化对环境的影响机制，即生态现代化、城市环境变迁和紧凑城市理论。朱和彭（Zhu and Peng，2012）论证了城镇化影响碳排放的三个机理：（1）生产和生活用能源消费随着城镇化的推进而递增，从而增加了碳排放；（2）基础设施和居住质量要求随着城镇化进程而提高，增大了对建筑材料尤其是水泥产品的需求，增加了碳排放；（3）城镇化改变了草地和林地的用途，增加了碳排放。琼斯（Jones，1991）发现城镇化通过以下三个途径增加了能源消耗和二氧化碳排放：（1）农业劳动力短缺时，农业需实现机械化操作；（2）城镇化将食物生产与消费从空间上分开，推动了交通需求上升；（3）相比传统农业和制造业，现代工业是能源密集型的。与此相反，利德尔和伦（Liddle and Lung，2010）认为城镇化能够带来能源节约，这是因为居住在高层住宅、使用公共交通工具或绿色出行方式能够提高能源利用效率。

2.2　最优城市规模的研究

关于最优城市规模，学者们从不同的角度建立了理论模型，并进行了实证研究和预测分析。阿朗索（Alonso，1971）提出了城市规模的总成本—收益模型，认为城市边际收益和边际成本曲线的交点即为最优城市规模点。以阿朗索的成本—收益模型为基础，一些学者进一步研究发现，最优规模由边际收益曲线和边际成本曲线的交点决定，而平均收益和平均成本线的交点决定了城市均衡规模，因此得出城市的均衡规模大于其最优规模的结论（Anthony and Robert，1978；Harvey，1981）。亨德森（Henderson，1975）探讨了最优规模和均衡规模之间的差异，认为最优规模由经济参与者的潜在福利最大化决定，而均衡规模由企业主的投资决策和劳动者的区位决策所决定。理查森（Richardson，1972）认为聚集经济使居民的边际收益呈倒"U"型曲线，而聚集不经济使居民的边际成本曲线呈"U"型，城市最优规模由边际收益与边际费用的交点决定。克瑞斯（Krihs，1980）的实证研究从城市聚集经济的视角展开，得出最优城市规模为 600 万人左右。卡瑞利诺（Carlino，1982）采用美国 20 年间的面板数据，发现美国最优城市规模大约为 388 万人；卡佩罗和卡马尼（Capello and Camagni，2000）利用 1991 年意大利 58 个城市的横截面数据进行了分析，结果发现，实现城市最大效益的最优城市规模为 36 万人左右，实现城市最小负担的最优城市规模为 55 万人左右。杜兰顿和普加（Duranton and Puga，2004）利用垄断竞争模型引入单中心城市增长模型，得出了最优城市规模与聚集效应之间的倒"U"型数量关系。奥和亨德森（2006）也发现城市聚集经济与城市规模之间的关系呈倒"U"型变化。奥莎利文（2015）认为大城市的集聚效应使得大城市"过大"，小城市"过小"，使城市规模呈现"两极分化"趋向，造成低效率。而罗伯托等（Roberto C et al.，2013）对欧盟城市的检验发现单一最优的城市规模并不存在。

国内的实证研究方面，王小鲁和夏小林（1999）构建了一个最优城市规模模型，发现中国最优城市规模的区间为 100 万~400 万人。陈伟民和蒋华园（2000）从成本收益的角度，利用全国 666 个城市的面板数据进行计量分析，发现最佳城市规模为 100 万~400 万人。郑亚平（2006）的实证研究认为，150 万~270 万人的城市规模是合理和有效率的。林目轩等（2007）以长沙市区为研究对象，利用 1986~2006 年的数据和城市规模动态演进模型进行实证分析发现，不考虑治污费用时，158 万人为最优城市规模；考虑治污费用时，137 万人是最优城市规模。易艳春等（2015）应用中国地级及地级以上城市 10 年间的面板数据进行实证研究，发现中国的城市规模—碳排放的经验模型为"N"形。梁婧等（2015）利用新经济地理学模型，对中国地级市的面板数据进行估计，发现城市规模与劳动生产率之间呈现显著的倒"U"型关系，并且大部分城市处于最优规模附近。孙久文等（2015）在城市内生性模型的理论框架下对中国城市进行实证研究，结果发现中国城市的均衡规模超过其最优规模，但效率损失较小。傅红春等（2016）采用 130 个城市的调研数据研究城市规模与居民幸福感的定量关系，发现居民幸福感约束下的最优城市规模为 500 万 ~ 780 万人。张自然（2015）采用成本—收益方法研究中国城市的最优城市规模问题，发现最优城市规模大约在 600 万人，因此得出到中国的大城市不是太多而是太少的结论。蔡之兵、张可云（2015）采用阿朗索（1971）和罗伯托等（2013）的研究框架，运用分组估计的方法对 143 个城市的数据进行检验，发现并不存在单一的最优城市规模。ZIPF 法则的进一步检验结果显示，中国城市体系总体规模偏小。范红忠、岳文涛（2015）通过企业层面的微观数据验证了城市规模对工业企业生产效率的影响，发现最优城市规模为 150 万 ~ 260 万人。

2.3　城镇化与产业集聚的互动研究述评

城镇化是指人口和产业向城镇集中的过程。在 20 世纪 90 年代，克鲁格曼的新经济地理理论将空间因素引入主流经济学，克鲁格曼（1991）认为产业集聚是指同一或相关产业在空间上的高度集中。之后，学术界开始从时间和空间的角度研究有关问题。

产业集聚推动了劳动力、资本、信息、技术等要素的流动，不同空间节点的集聚加速了城镇化进程。而生产要素在城市的集中实现了规模经济和集聚效应，大幅降低了生产成本，吸引着更多的生产要素向城市集中，形成产业集聚（朱智文，2006）。对于集聚效应的研究，胡佛（Hoover，1936）从静态角度出发，认为集聚既可以发生在行业内，也可以发生在行业间。动态的行业内集聚经济被称为马歇尔外部性（1920），动态的行业间集聚经济被称为雅各布斯外部性（1969）。

现有研究结果表明，产业集聚促进了城镇化的发展，为城镇化要素奠定了基础；加快产业结构转换，促进了城市产业结构优化升级；降低了城镇化成本；提升了城市竞争力（陆根、尧盛龙，2012）。张弘（2001）提出，产业集聚会带动城市在空间上的聚集，中国城镇化发展模式是以产业集聚区为先导带动整体区域的发展。纪良纲、陈晓永（2005）提出，产业集聚带动了人口、资本、技术等生产要素的集聚，进而推动服务业和其他相关产业的集聚发展，是城镇化的根本动力。黄坡、陈柳钦（2007）从产业集聚的马歇尔外部性出发，认为产业集聚的集聚效应和资源共享效应为城镇化提供了要素准备。乔彬、李国平（2006）发现产业集聚有利于集聚区内产品、技术和结构的优化升级，增强了城镇化进程的自增强动力，促进了城镇化的发展。刘金林（2009）认为产业集聚是城镇化进程的必然结果，原因在于产业集聚能够共享劳动力市场从而实现专业化分工，也在地理上促进了城市的外延扩张，还可以集聚大量的资本，为城镇化提供动力支持。罗薇薇（2006）对广东省的实证研究发现，新型工业、产业集聚能够有效地推动城镇化。李荣（2009）采用区位商度量工业与服务业的产业集聚度，通过面板数据模型的检验得到产业集聚度与城镇化呈显著正相关关系的结论。一些研究采用案例分析法论证了产业集群和城市化的关系，认为产业集群有利于提升城市竞争力从而促进城市化（马春辉，2004；苏雪串，2004；赵淑玲等，2005）。

反过来，城镇化也能够为产业集聚提供更为有利的发展条件，如人力资源、技术支持、完善的服务体系等资源要素；为产业集聚提供便利的基础设施；为产业集聚提供良好的制度环境；为产业集聚带来巨大的社会需求（赵玮等，2006）。

城镇化也带动了产业集聚。贝克尔（Becker）和亨德森（2000）发现，在城镇化进程中，专业化分工成为产业集聚的重要基础。余素洁（2009）的研究发现，城镇化的溢出效应和扩散效应加强了产业的空间集聚。徐璐、张明龙（2005）从空间经济学的角度证实，城市的集聚功能和城市化的经济效应是非农产业集聚的推动力。朱智文（2006）和师博、沈坤荣（2013）的研究都发现，城镇化对产业聚集有拉动作用，城镇化程度的提高会促进产业集聚沿着产业结构高级化的路径延伸。

一些学者认为产业集聚与城镇化具有共同演化的动力机制，两者之间是交互影响、相互适应的（于斌斌、胡汉辉，2013；冯云廷，2001；陈柳钦，2007；沈飞、俞武扬，2013）。曾国平等（2008）利用工业区位基尼系数计算出我国制造业集聚度，通过30年的时间序列分析，得出中国制造业集聚与城镇化之间具有长期均衡的协整关系。制造业集聚是推进中国城镇化的重要原因，同时城镇化的推进也影响制造业集聚的进一步发展。

关于城市规模、产业聚集与经济增长的关系，西格尔（Segal，1976）和穆马（Moomaw，1998）发现城市规模对生产效率的正向作用，西科尼等（Ciccone et al.，2002）证实了产业聚集促进区域经济增长，国内的研究（周兵、蒲勇健，2003；刘修岩，2009；雷鹏，2011）也发现了经济聚集与经济增长之间的正向关系。

2.4　城镇空间结构对碳排放的影响

2.4.1　城镇空间结构的相关概念

众多文献对城镇空间结构相关的基本概念进行了解释。霍顿和雷诺兹（Horton and Reynolds，1971）认为空间结构是地理分布形态的抽象或一般描述，而城镇空间结构是居住分布和跨空间经济活动的结果（Anderson et al.，1996）。城市中心是城市结构与发展的核心，作为经济活动的聚集地，城市中心代表空间系统的经济核心，为城市其余部分的发展提供机会。城镇化推动了集聚经济的发展，城市是经济增长的引擎（Glaeser et al.，1992）。人类在时空上的动态居住变化，可以由城市中心与周边区域的作用变化来描述。在有些地方，城市是单中心空间分布，而有些城市是多中心空间分布，因此各地城镇化的模式与程度是不同的（Camagni et al.，2002）。尽管城镇空间结构的表现形式是多方面的，多数学者将城镇空间分布形态归纳为两种：分散的空间形态和多中心的空间形态（Meijers and Burger，2010；Gordon，Wong，1985；Bertaud，2004）。

由于私人轿车的普及，从 20 世纪中期开始，分散的城市在北美迅猛增长。通勤成本越来越便宜，使得人们在选择居住地点上拥有了更多的自由，人们不必住在工作地点或商业中心附近，而将居住地搬离城市中心（Le Roy and Sonstelie,1983）。郊区便宜的地价也让人们选择更大的面积。相同的情况也在欧洲和其他地方发生，因此导致近些年城镇化和城市蔓延同时发生，尤其是在最发达地区和经济增长迅猛的城市（European Environment Agency，2006）。

要理解分散的城市空间结构，就得了解它的多维性，如经济增长、技术进步、偏好变化、地理和气候等（EEA，2006）。关于城市蔓延的文献大量存在，但对城市蔓延的定义和度量并没有达成一致。广泛被接受的观点是，城市蔓延是过度扩张的城市居住形态，带来的土地使用效率并不是最优。静态地讲，城市蔓延指经济活动在空间上的分布表现为大量的土地使用（Brueckner，2000）。居住密度是经常被用来度量城市蔓延的指标，居住密度指单位土地面积上的居民数量（Travisi et al.，2010）。鉴于居住密度无法比较具有不同的地理特征和规划政策的城市，净密度可能是更好的度量城市空间结构的指标，净密度用以度量可使用土地的面积，可使用土地即由遥感数据提供的用于人工目的的土地（Burchfield et al.，2006）。

多中心是指经济活动均匀地分布于可比较的多个中心，而不是单一中心。多中心并不一定由历史承袭而来，也可以从单一中心的空间结构逐渐发展演变而来，当副中心的相对重要性提高时，就形成多中心的城市空间形态。定义和衡量城市多中心空间形态的方法很多，有的方法考察空间形态方面，有的方法考察中心之间的函数关系。

2.4.2　城市密度（包括人口密度、居住密度等）与碳排放的关系研究

实证研究的结果表明，较高的密度（人口、居住、建筑等）和紧凑的空间形态能够大大降低城市居民机动车出行，提高公共交通利用效率，同时鼓励自行车和步行等慢交通的方式，减少碳排放（Ewing and Cervero，2010；Jabareen，2006）关于人口密度与交通能源消费最著名的研究来自纽曼和肯沃西（1989，1999）。纽曼和肯沃西研究了人均石油消费与人口密度之间的关系，发现两者之间显著负相关。这是由小汽车使用的大量增加带来的：密度越大，通勤距离越短，则石油消费越少。研究还发现美国城市的人均石油消费是澳大利亚城市的 2 倍，是欧洲城市的 4 倍。城市人口密度越高，汽车使用率越低，公共交通越发达。随后，多篇论文就城市密度对交通需求的影响、交通能源消费、交通排放和其他指标如生态足迹展开了研究（Brownstone and Golob，2009；Mindali，Raveh and Salomon，2004；Park and Andrews，2014）。拉里维耶尔和拉弗朗斯（Lariviere and Lafrance，1999）发现城市密度的提高能够减少能源消费。希尔顿和莱文森（Hilton and Levinson，1998）使用 48 个发展中和发达国家的面板数据，发现了人口密度与汽油消费之间的显著负相关关系。来自美国大都市区的研究证明了相对于高密度城市，低密度城市的发展带来更多的碳排放，大部分城市郊区的碳排放量高于中心城区（Glaeser E L and Kahn M

E，2008）。来自万隆的问卷调查研究了不同的城市空间形态与能源消耗的关系，表明相对于城市中心，城市蔓延区和卫星城的能耗更高（Permana et al.，2008）。英国环保部的 ECOTEC（1993）报告利用英国 1985～1986 年的出行调查数据，研究英国大城市的城市空间结构、人口密度与平均每周出行距离之间的关系，发现人口密度最低的城市平均汽车出行距离是最高人口密度城市的 2 倍。结论是，城市密度越高的大城市，其出行距离越短，公共交通越发达，是更为环保和可持续发展的城市。小城镇特别是农村地区，相对而言能效低，并且发展模式不可持续。

必须指出，虽然城市蔓延的成本和紧凑城市的优点已经形成了共识，一些学者依然对此提出了质疑。例如，尽管高密度的城市缩短了通勤距离，但用于其他目的的移动（如度假）可能会增加（Holden and Linnerud，2011；Hoyer and Holden，2003；Muniz et al.，2013）。格莱塞和卡恩（Glaeser and Kahn，2003）并不认同平均通勤时间随人口密度上升而下降的观点，他们认为在某些情景下，分散的城市空间结构可能引起通勤需求的下降（假如可到达性提高）。这正是卫星城的现状。罗德里格兹、塔尔加和艾蒂尔（Rodriguez，Targa and Aytur，2006）对美国大都市的研究发现更高的人口密度往往导致更多的通勤，而且交通工具效率的提高对环境的改善作用能够部分弥补由于城市蔓延中通勤距离加长导致的环境损失。

关于多中心的城市空间结构对环境的影响，目前缺乏实证的证据。一些研究发现，在多中心的城市空间结构里，公共交通并不便利，反而有利于私人小汽车的通勤。相反，在单一中心的城市分布形态中（城市的目的地都与单一中心相连），公共交通更加方便（Cervero，1995；Newman and Kenworthy，1999；Bertaud et al.，2009）。

2.4.3　城市空间形态影响城镇碳排放的机理

由联合国人居署发布的报告凸显了城市对气候变化的重要影响，欧盟和欧洲环境机构强调了城镇化对环境和气候变化的冲击。城镇化对环境的冲击可以由城镇空间结构带来。政策倾向于反对蔓延的空间结构，支持多中心的城市发展路径（Floater et al.，2014；Madlener and Sunak，2011）。城市空间结构对环境的影响主要通过交通与居住因素传导。

人口与货物在城市区域的移动是城市温室气体排放的主要原因（Bertaud et al.，2009；Norman et al.，2006；UN－Habitat，2014）。影响交通需求的关键是工作地点与居住地之间的距离，而这种距离随着城镇蔓延而延长，大量的文献显示，城市蔓延与交通排放正相关。卡马尼等（2002）的研究显示，城市蔓延和居住地郊区化引起私人交通的激增，导致小汽车交通的盛行与巨大的化石能源消费。特拉维西等（Travisi et al.，2010）用意大利七个省份的数据分析了交通对环境的冲击，文章从人口密度、工作地点到居住地的距离以及农村区域的可到达性等方面进行了探讨，发现越是在蔓延的城市里，环境受交通的冲击越大，这是由于工作地点与居住地点的空间不匹配和缺乏有竞争力的公共交通带来的。卡恩（2006）预测典型家庭的汽油消费在相对紧凑的城市如纽约和旧金山是最低的，而在蔓延型的城市如亚特兰大和休斯顿是最高的。蔓延型城市的环境成本在北美得到了越来越多的研究，该主题在欧洲也越来越重要。例如，巴塞罗那在 1986～1996 年的十年间，人均出行距离延长了 45%，人均碳排放增长了 2 倍（Muniz and Galindo，2005）。其他学者在各国的实践也证明了城市空间结构（城市密度、道路系统设计、公共交通、城市功能单元的布局等）影响了城市交通能源消耗（Jabareen Y R，2006；Snellen D et al.，2002；Stead D，2001）。

但是，城镇空间结构通过交通影响环境质量的研究结论并不是确定的。第一，当前的研究主要是案例研究，因此难以归纳总结、得出一般化的结论（Rodriguez et al.，2006）。第二，多数文献只考虑双变量关系，难以概括城市空间形态对交通的复杂关系，也难以揭示他们之间的动态影响机制（Banister，2007）。

关于城市空间结构对居民排放的影响，很多学科都进行了探索，如工程学、建筑学、空间规划和环境学等。城市空间结构影响居民排放的一个渠道是"城市热岛效应"，在人口稠密的城市中心，能源需求在夏天上升，在冬天下降。尤因和荣（Ewing and Rong，2008）提出，城市空间结构影响居民排放的另一个渠道是居住房屋的大小与种类。在稠密的城市中，大家住在更小的公寓楼中，能源需求小于城市郊区分散的独立大房子。还有一个渠道是电力传输和配送损失。电力传输和配送损失在分散的城市更高。然而，由于地理与气候因素的异质性，城市空间结构对居民排放的影响难以得到统一的结论。例如，卡恩（2000）发现郊区与城市中心的居民能源使用之间并没有显著差异，赖特（Wright，2008）验证了城市能源使用和城市空间形态之间的弱相关性。

探讨城市空间结构与住宅建筑能耗关系的研究已达成共识：面积越大、分布越离散的房屋消耗的能源也越多，而高密度地区建筑的户均能耗则相对较低（Glaeser and Kahn，2003）。挪威的研究发现连体式住宅比分散式住宅能耗低

50% （Holden and Norland，2005）。美国的研究发现蔓延型社区相比非蔓延型社区的户均能耗要高 20% （Ewing and Rong，2008），原因在于蔓延型社区分散的空间形态导致了更多的机动车能源消耗 （Kessler J and Schroeder W，1995）。

国内的相关研究多集中在人口城镇化与碳排放关系上，城镇空间形态与低碳城市的研究多以定性研究为主，实证研究相对较少。潘海啸 （2010） 对上海的城市空间结构进行研究，强调了多模式交通体系的重要性，并为面向低碳的空间结构规划提出了框架思路。李迅等 （2010） 预测了未来 30 年中国城镇能源消耗的规模，并提出了中国低碳城市发展的策略。王桂新和武俊奎 （2012） 通过对中国城市空间利用效率的测算，发现户籍制度和土地财政导致我国城市空间形态分布不合理，降低了城市空间利用效率，从而增加了碳排放。

2.4.4　关于紧凑型城市的研究

紧凑型城市是指相对人口密度较高、土地混合利用，建立了高效率的公共交通系统，鼓励步行和骑行的城市 （Burton E et al.，2004），城市中建立可持续发展的城市空间形态。紧凑型城市带来的主要环境福利为减少对于私人小汽车的依赖和保护绿地、耕地。然而，紧凑型城市的也带来相应的问题，如道路拥护、绿地的减少、高房价和狭窄的居住空间 （Lo Alex Y H and Jim C Y，2012；Gaigné C et al.，2012）。斯通和罗杰斯 （Stone and Rodgers，2001） 的研究发现，分散的城市空间形态相比紧凑的城市排放了更多的温室气体。关于紧凑型城市的争论主要围绕怎样的空间结构是可持续的，以及城镇居住环境怎样对居民行为发生影响展开 （Bulkeley H，Betsill M，2003）。有学者认为，适合于所有城市的理想的城市空间形态并不存在，城市空间形态因地方环境、现存的空间结构和政策而异 （Guy S and Marvin S，2000）。通过对现存全球城市规划文献的回顾，传统的单一中心城市结构已被多中心的紧凑型城市结构所代替 （Camagni R et al.，2002）。相当多的文献通过分析能源消费来评估紧凑型的城市结构，能源消费量是评价城市结构非常重要和有效的指标 （Brownstone D and Golob T F，2009）。首先，城市空间结构和土地使用影响了经济活动的密度与强度，由此影响了能源消费。其次，环保意识的增长，不仅要求资源利用最小化和空间结构的紧凑，也要求提高能源效率。

关于紧凑型城市的研究，一部分围绕紧凑型城市空间结构与能源消费的关系展开，这类研究关注交通部门的能源消费。姚（Yao Y L，2011）分析了人口密度与能源消费密度对北京市区的影响，发现紧凑型的城市空间结构是减少城市能源使用最有效的途径。刘和斯温尼（Liu and Sweeneya，2012）探讨了都柏林地区城市空间形态与家庭环流供暖能源使用之间的关系，结果显示，紧凑的城市空间结构，相比分散的城市形态，可能减少16.2%的家用供暖能源使用。施瓦恩等（Schwanen et al.，2004）研究了比利时窝龙地区城市空间形态对能源消费的影响，发现居住密度高使得交通与建筑方面的能源消费更有效率。关于城市空间结构与能源消费的关系研究则无法得到确定性的结论，由于方法不同、数据局限和时空设置的差异，导致研究结果也不相同。而且，这些研究没有考虑社会经济因素，而社会经济因素对家庭能源消费行为影响重大。当收入提高时，用于食物的能源消费和碳排放的相对比例和绝对数量都下降，相应地用于教育、文化和娱乐服务的能源消费和碳排放则上升。另外，越来越多的研究开始考虑社会经济因素并进行模拟分析，运用模型模拟城市空间结构影响微观行为进而影响能源消费。冯等（Feng et al.，2010）发展了一个新的综合模型用于分析印度尼西亚的情况，发现多中心的城市空间结构和有效率的公共交通系统促进了勿加西的能源节约。亚马加特和西亚（Yamagata and Seya，2013）开发出土地使用—交通模型，对2050年的东京大都市区紧凑与分散的城市空间结构的能源消费进行情景分析，发现紧凑的结构有利于减少居民电力需求。土地使用—交通模型将土地利用、交通、居民居住地选择联系起来，分析紧凑发展怎样影响居民行为进而影响能源消费。

2.5　我国低碳发展路径研究

2.5.1　环境规制与制度创新

关于环境规制的研究是学术界经久不息的研究热点。新古典理论认为环境规制能够实现环境保护，但增加了企业的成本与负担，不利于经济增长。波特则认为合理而严格的环境规制可以提升企业的生产率，以创新补偿环境成本（Porter，1998）。帕纳尤图欧和达斯古普塔等（Panayoutou，1997；Dasgupta et al.，2001，2002）的研究发现，政策和制度能够明显减缓由污染物排放引起的环境退化，严格的环境规制使经济增长的每一时期污染排放水平都低于没有规制时的排放水平。赫蒂格（Hettige et al.，2000）和格林斯通（Green-stone，2005）的研究发现环境规制限制了污染密集产业的发展，是工业废物排放量减少的主要原因。杨国锐（2010）、韩玥（2012）、吴遵（2013）提出环境监管与环境执法。

实现环境规制的一个重要的手段是排污权交易。科斯（Coase，1960）的社会成本理论指出，通过市场来配置排污权是解决污染问题最有效率的机制。随后，众多学者的研究支持了科斯的理论，他们从理论上证明了排污权交易能控制减排成本，是解决环境资源外部性的有效方案（Crocker，1966；Dales，1968；Montgomery，1972），并提出交易成本和排污交易的理论框架（Stavins，1995；Montero，1998）。布兰伦德等（Brannlund et al.，1998）发现瑞典造纸及纸制品工业在排污权交易下可实现潜在的利润增长。林伯强和黄光晓（2011）主张建立以碳排放交易市场为主的区域碳排放平衡机制，鼓励减排主体通过自身减排行为或市场交易来完成减排任务。李树和陈刚（2013）的研究发现《大气污染防治法》修订政策显著提高了污染密集型工业行业的全要素生产率，并且边际效应呈递增趋势。涂正革、谌仁俊（2015）用倍差法检验了二氧化硫排污权交易在中国是否能够获得波特效应，发现排污权交易机制大幅度减少了二氧化硫排放，但未能产生波特效应。

实现环境规制的另一个重要的手段是碳税政策。学者们关于碳税制度的争论主要围绕双重红利假说展开。皮尔斯（Pearce D，1991）认为，碳税能够替代扭曲性的税收，是中性税收，能在改善环境质量的同时获得经济红利。乔根森等（1992）分析了碳税的经济福利，指出碳税通过将外部性内部化而减少温室气体排放。在碳税的政策实践方面，通过对已征收碳税的 6 个国家的研究发现，如果对碳税以及税收使用设计得当，则可以抵消碳税带来的主要负面影响（Baranzini，2000）。伊金斯（Ekins，1999）等的定量研究显示，次要福利高于碳减排带来的主要福利，征收碳税不仅会带来温室气体减排的环境福利，而且带来其他福利。卡马特（Kamat，1999）等利用 CGE 模型研究美国碳税效应，发现合理的碳税对总体经济几乎没有负面影响，但对于能源产业具有巨大的负面影响。中田（Nakata，2001）等利用局部均衡模型研究碳税和能源税对日本能源系统的影响，结果显示，碳税和能源税有利于碳减排。碳税在中国的研究主要集中于征收碳税对环境和增长的影响方面。一些学者的定量研究发现征收碳税对经济无显著负面影响（中国气候变化国别研究组，2000；贺菊煌等，2002；朱永彬等，2010），但多数研究发现碳税政策对经济影响显著。魏涛远（2002）利用 CGE 模型分析了征收碳税对环境和 GDP 的影响，发现短期内碳税降低了碳排放，同时带来 GDP 急剧下降。钟和张（Zhong X and Zhang）运用动态 CGE 模型进行情景模拟，发现减排率为 20% 和 30% 时，GDP 下降 1.52% 和 2.76%。其他学者运用不同的方法与模型进行了定量研究，也都发现碳税在减少温室气体排放的同时，引起了 GDP 增速的下跌（曹静，2009；苏明等，2009；高鹏飞、陈文颖，2002；Chen，2005；王金南等，2009；Liang，2007）。一些研究为碳税与碳关税的立法与征收进行了学术探讨和理论分析（林伯强、李爱军，2010，2012；赵玉焕、张继辉，2012；李继峰、张亚雄，2012）。

2.5.2　产业结构与能源结构的变迁

关于产业结构变化对能源消耗以及温室气体排放的影响，目前尚无一致的结论。污染排放分解公式从数学模型的角度分析了结构效应对环境的影响（Grossman and Krueger，1992；Copeland and Taylor，2003；Levinson，2009）。林伯强和蒋竺均（2009）研究发现，产业结构重工化是中国碳排放增长的重要原因。薛智韵（2011）发现结构效应增加了碳排放。王峰等（2010）认为产业结构变动推动了中国碳排放的增长。陈诗一和吴若沉（2011）的研究显示，中国当前的产业结构不利于碳减排。成艾华（2011）的研究表明结构效应倾向于减少二氧化硫排放。王群伟等（2010）发现产业结构高级化有助于实现结构减排。李艳梅和杨涛（2011）、潘雄锋等（2011）的研究也支持结构正效应观点。

但学者们有一些结论却是相同的，即工业部门的强度降低是碳强度下降的主要原因，工业部门内部的结构变化对工业碳强度有着重要影响（吴巧生和成金华，2006；齐志新等，2007；郭朝先，2012）。卡斯勒（Casler，1998）对美国碳排放进行了结构分析，认为替代性能源的使用是造成碳排放下降的主要因素。切比（Chebbi，2011）对突尼斯的时间序列数据进行脉冲分析，发现不同产业与环境污染的关系不同，因此减排政策要因具体产业而异。虞义华（2011）的研究发现工业与碳强度正相关，认为产业结构转型是实现 2020 减排的必经路径。

关于城镇化过程中的产业结构的调整和升级，学术界已达成共识：适度控制工业结构的重型化与过度工业化倾向（罗良文、李珊珊，2014）；产业结构高级化有助于缓解温室气体排放压力（李科，2014）；要改变高投入、高能耗、高污染和低效率的传统产业结构模式，促进第三产业和清洁产业的发展

（卢忠宝，2010；许广月，2010；袁富华，2010；毛丽芹、韩国栋，2011；刘梦琴和刘轶俊，2011）。王文举和向其凤（2014）发现消费率的提高有利于产业结构低碳化。陈诗一（2012）认为能源价格是决定能源需求的最基本变量，能源价格上涨必然会使能源需求下降，逼迫高耗能单位通过技术改造等手段降低自身能耗，从而实现能源结构的优化。

2.5.3　技术进步

技术进步是减少温室气体排放的动力。内生增长理论认为，技术进步会提高资源的利用效率，导致在既定产出水平下资源消耗减少，从而减少了污染排放。环境库兹涅茨曲线假说认为经济增长与环境污染之间呈倒"U"型曲线，随着人均收入的增加，污染排放先增加后减少，其中污染排放的下降主要益于技术进步效应。格罗斯曼和克鲁格（Grossman and Krueger，1995）将污染排放分解为规模效应、结构效应和技术进步效应，其中技术进步效应为负，即技术进步能够改善环境，减少污染排放。

贾克布森（Jacobsen，2000）认为长期能源需求中的技术进步对能源利用效率有外生性影响。贾菲（Jaffe，2002）等认为内生技术进步对经济增长与环境关系问题的分析有重要启示，技术进步可能增加也可能减少碳排放。杰拉格（Gerlagh，2007）认为技术进步降低了碳价格，从而降低了减排的成本；同时在技术进步情境下的减排可能会产生学习收益，进一步降低减排成本。马和斯特恩（Ma and Stern，2008）发现技术进步对化工行业能耗强度下降的效应最大。波塞蒂等（Bosetti et al.，2006）将技术进步内生化，发现企业采用环境友好型技术的主要原因来自研发投资和"干中学"，最终导致能耗与排放强度下降。

国内研究大多数认为技术进步能有效提高能源效率并降低碳强度，是降低碳排放的重要手段（李廉水、周勇，2006；魏巍贤、杨芳，2010；韩坚、盛培宏，2014；何小钢、张耀辉，2012；孙炎林、李华磊，2015）。何小钢和王自力（2015）在内生增长框架下进行实证检验，结果表明，绿色技术进步是推动经济增长的重要源泉。在既定的生产技术水平下，技术进步的能源节约与清洁生产的偏向性越大（绿色程度越高）则越有利于节能减排。申萌等（2012）分地区的实证检验表明，东部和中部地区的技术进步显著减少了碳排放，而西部地区技术可能增加了碳排放。张兵兵等（2014）也认为技术进步对二氧化碳排放强度的影响存在异质性，东西部地区的技术进步与碳排放强度显著负相关，而中部地区则显著正相关。也有实证研究认为：科技进步对能源结构顺向调整效果不显著、可再生新能源的研究效率低下，技术进步对碳排放清洁方面无显著效果（崔百胜、朱麟，2016）。金培振等（2014）研究了技术进步在二氧化碳减排中的双刃效应，发现技术进步在通过改进能源效率带来的工业减排效应尚不能抵消其推动经济增长带来的二氧化碳增长效应，但会使工业行业的碳排放强度向低端收敛。

促进技术进步主要包括两方面的含义。一方面，从碳源的角度，通过技术创新，改善能源结构，优化能源的利用效率，从而减少碳源的排放（齐志新、陈文颖，2006；许广月，2010；毛丽芹、韩国栋，2011；张清等，2011；张成等，2014）；另一方面，从碳汇的角度，通过技术进步和技术创新，扩大森林和海洋等碳汇资源，增加自然界对二氧化碳的吸收和储存能力，利用碳捕获与封存（CCS）等技术将二氧化碳捕获后存放在地下或海底以实现去碳（杨国锐，2010；吴遵，2013；郭进、徐盈之，2015）。

2.5.4　低碳生活与低碳消费

海伦登等（Herendeen R et al.，1981）对消费者的调查研究发现，居民的能源需求与使用受家庭收入的影响。斯特格（Steg，2008）认为居民对社会环境的关注度影响着其低碳生活方式的形成。吉伯格和帕姆（Gyberg P and Palm J，2009）认为居民低碳消费行为与低碳生活知识的宣传等存在明显的相关性。

庄贵阳和雷红鹏（2011）提出以下措施以实现低碳的生活方式：在规划设计层面，合理选择被动式手段；在观念上，普及低碳的生活方式，形成适度消费的观念；在政策上，制定政策引导低碳的生活方式。石洪景（2015）对福州城区进行了实地调研，实证分析的结果发现：低碳消费具有明显的社会共性特征，价值观、行政性政策、社会规范等变量对低碳消费行为的影响显著为正。孙德超和曹志立（2015）提出引导低碳生活和低碳消费，政府扮演着关键的角色。政府要加强低碳环保的教育和宣传；完善现有低碳市场法规和政策引导，提高低碳产品的性价比；实现城市规划和公共服务体系建设的低碳化。余晓钟等（2013）运用消费者行为理论，分析了不同区域的低碳消费行为模式；结果表明，挑战区域消费者低碳行为具有不确定性，困难区域正经历由高碳向低碳消费行为模式的转变，关注区域具有低碳区域高碳消费的行为特征，理想区域已走向低碳消费。

无论官员还是学者，都认为政府在引导低碳生活与低碳消费方面发挥着主导作用。政府应鼓励公众进行低碳消费，鼓励企业开发低碳产品，提倡采购低碳产品并影响产品的上游生产链；社会组织应推广低碳生活方式，培育全民低碳意识，营造低碳消费文化氛围（郑林昌等，2011；宋德勇、张记录，2012；李科，2014）。

2.6　小　　结

（1）通过文献回顾可以看出，现有的有关中国城镇化与碳排放之间关系的研究存在值得探索的空间：第一，大多数文献没有考虑中国经济增长的阶段性特征，即城镇化过程带来的能源快速增长的刚性问题，因而提出的政策建议现实意义不足；第二，在面板数据的研究中没有对不同经济发展水平的地区进行分类，没有考虑到不同地域在经济规模、发展水平、技术水平等方面的差异。

本书试图将已有研究做进一步拓展。首先，将中国现阶段的经济增长特征考虑进来，我国的增长模式已从全球化外需增长转向城镇化内需增长，而城镇化具有高耗能的显著特征。考虑到城镇化过程带来的能源消费快速增长的刚性问题，中国的低碳转型须兼顾阶段性发展特征，减排政策选择只能从控制碳排放增量入手，谨慎选择碳减排与经济发展之间的平衡点。其次，从全面考察经济和环境系统联系的角度来研究我国城镇化和碳排放之间的相互影响，尝试利用动态时间序列研究城镇化与碳排放的相互关系，克服分省数据检验带来的相互抵消效应，从而发现城镇化与碳排放之间的动态联系与长短期复杂关系。最后，在研究方法上，利用自回归分布滞后（ARDL）模型和协整分析等多种方法评估城镇人口规模扩张对碳排放的影响。

（2）现有最优城镇规模研究为本书提供了理论和实证基础，但是，现有最优城镇规模的分析多从最大化原理出发，从成本收益角度去探讨最优城市规模，没有考虑到资源环境对城镇化的制约，结果更多侧重于城镇的经济效应，而忽视了城镇对环境的污染和碳排放的影响。因此本书试图结合中国城镇化的实际进程，采用城市层面的面板数据，运用面板门限回归方法，对我国地级市的面板数据进行实证检验，以发现反映我国城镇规模与碳排放之间关系的非线性回归模型门限值，并找到低碳约束下的最优城镇人口规模，以补充当前城市规模扩张与低碳经济发展中的理论研究。

（3）城镇空间结构与碳排放的关系研究在发达国家已渐成热点，但关于中国城镇空间结构与碳排放关系的实证研究很少；国外关于城市空间结构与碳排放的关系研究多是案例研究，因而难以归纳成为一般性的结论。因此，关于紧凑城市的探讨并没有得到一致的结论，一些学者支持紧凑城市理论，一些学者则对该理论提出了质疑；多数研究的数据来自国家层面或大城市的数据，基于中国地级市的面板数据分析在国内的实证研究中很少。鉴于此，本书采用中国地级市 2003~2013 年的面板数据，实证检验了城镇空间结构和城市规模对碳排放的影响，发现紧凑的空间结构分布模式对减缓城镇碳排放有积极和显著的影响，不论是东部、中部还是西部城市，居住密度的提高或者说紧凑型的城市布局能够显著地降低城镇碳排放。

（4）关于低碳发展路径，现有研究主要集中于环境规制与政策创新、产业结构与能源结构的变迁、技术进步等，缺少针对城镇化阶段专门路径的研究。这些都为本书的研究提供了探讨的空间。

第3章 城镇化与中国碳排放的 实证研究

我国城镇化的进程正在进行且呈现加速的趋势，城镇化已成为我国经济增长的发动机。而城镇化进程中高耗能的特点对二氧化碳排放的影响是明显的。城镇化对环境的影响分为两个方面。一方面，城镇化加速了能源的消耗和污染物的产生；另一方面，相比于农村地区，城市有更多的机会实现规模经济和更有效地利用资源。因此，城镇化的发展模式对于可持续发展尤为重要。

20 世纪 70 年代末以来，中国已经经历了快速的经济增长和城镇化进程，中国快速的经济增长吸引了全球的瞩目，被称为"经济奇迹"。1978 ~ 2010 年，年均 GDP 增速超过 10%，在此过程中，大量的人口从乡村涌入城镇。1978 ~ 2014 年，中国城市的数量从 193 个增加到 649 个，同时，城镇人口从 1.7 亿增加到了 7.5 亿。这一移民过程增加了城市发展和城市自我修复的压力。图 3 - 1 显示，中国的城镇化率从 1978 年的 17.92% 上升至 2014 年的 55%，快速的城镇化进程始于 20 世纪 90 年代初，地级市的数量从 1990 年的 188 个增加至 2014 年的 288 个。1990 ~ 2014 年城镇化的年均增长率为 1.9%，并以 1% ~2% 的增长速度持续增长，城镇化率到 2020 年达到 60%。

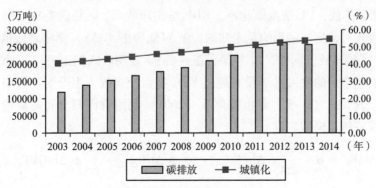

图 3 - 1 城镇化率与碳排放

资料来源：《中国统计年鉴》和 CDIAC。

3.1　城镇化与碳排放——基于 ARDL 的实证研究[①]

3.1.1　模型与变量

通常而言，影响碳排放的三个主要参数为人口增长、城市化率、经济增长。作为经验法则，经济增长与碳排放存在着倒"U"型关系，符合环境库兹涅茨曲线（EKC）假说。人口是影响温室气体排放的另一个重要因素，人口的持续增长推动了对化石能源的依赖。随着城镇化进程的推进，农村人口向能源需求更多的城镇人口地转移，加重了碳排放。

城镇化作为经济发展的主要特征，涵盖了能源使用的结构变迁。城镇化意味着劳动力从农业部门转移到工业和服务业部门。在工业部门内部，劳动力从能耗低的初级产品转移到能耗高的金属和化工产品，而技术进步则促进了能源节约和碳减排。实证研究的经验模型见式（3-1）。

$$E = E(GDP, UL, POP) \qquad (3-1)$$

GDP 与污染水平 E 之间的关系通常被认为是正相关，收入增长，经济规模的扩张必然带来污染的增加，将环境质量定义为正常商品，并假设当收入超过某一拐点时污染排放减少，经济学家称此为环境库兹涅茨曲线。根据之前学者的研究结论，城镇化（UL）与污染水平之间的关系通常是正相关。下面就城镇化对环境的影响进行经验验证，将式（3-1）两边取对数得到式（3-2）。

$$\ln E_{it} = a + \beta_1 \ln UL_{it} + \beta_2 \ln GDP_{it} + \varepsilon_t \qquad (3-2)$$

E 指碳排放，UL 是城镇化率，GDP 是实际收入，ε 是误差项。由于城镇化率、收入对碳排放的影响是未知的，β_1 可能为正（负），意味着城镇化增加（减少）了碳排放；同样，β_2 如果为正（负），说明收入的上升（下降）增加了碳排放。中国的收入水平没有越过 EKC 拐点，当收入上升时，污染水平也会随之上升。式（3-3）是由彼萨兰（2001）利用自回归分布滞后模型发展出来的误差纠正模型。

$$\Delta \ln E_{it} = \alpha + \sum_{k=1}^{p} \varepsilon_k \Delta \ln E_{i,t-k} + \sum_{k=1}^{p} \phi_k \Delta UL_{i,t-k} + \sum_{k=1}^{p} \varphi_k \Delta \ln GDP_{i,t-k}$$

---

① 本节内容主体部分已由本书作者公开发表于贵州财经大学学报，2015 年第 3 期。

$$+ \lambda_1 \ln E_{i,t-1} + \lambda_2 UL_{i,t-1} + \lambda_3 \ln GDP_{i,t-1} + \varepsilon_t \qquad (3-3)$$

Δ 是差分项，p 是滞后期数，α 是常数项，ε_k、φ_k、λ_1、λ_2、λ_3 为相应变量的系数，ε_t 为误差项。通过式（3－3）中各系数的统计显著性和符号可以判断出城镇化以及经济增长与碳排放之间的关系：如果 $\lambda_2 > 0$，则说明城镇化将导致温室气体含量水平上升，反之则带来温室气体含量水平下降；如果 $\lambda_3 > 0$，则可以认为经济增长将带动碳排放增加。

式（3－3）是 ARDL 的误差纠正形式，滞后变量的线性组合代替了滞后的误差纠正项。必须指出，式（3－3）与标准的 VAR 不同，滞后期的水平变量是滞后误差纠正项的替代，用于确定长期关系的存在。因此系数 λ 代表长期的协整关系，求和符号（$\sum$）的系数代表短期的协整关系。

二氧化碳排放年度时间序列数据来源于 CDIAC（美国二氧化碳信息分析中心）数据库。UL 是城镇化率，用城镇人口占总人口的比例表示，来源于《中国统计年鉴》。GDP 指实际 GDP，用 GDP 缩减指数（1978 年 = 100）去除当年名义 GDP。GDP 数据来源于《中国统计年鉴》，使用软件为 Microfit，样本区间为 1978 ~ 2014 年。

3.1.2　实证分析

1. 单位根检验

尽管边限检验并不要求所有的变量都必须一阶单整，但必须确认变量不是二阶平稳，这是因为 ARDL 模型采用的边限检验法所依赖的 F 统计量临界值都是依据时间序列特有的 I(0) 或 I(1) 特性计算出来的。只有当变量序列的单整阶数不超过 1 时才不会出现回归偏误。对样本数据进行 ADF 单位根检验，结果如表 3－1 所示。

表 3－1　　　　　　　　　　　变量的 ADF 检验结果

变量	检验形式（c, t, AIC）	ADF 统计量	结论
LNE_t	(c, 0, AIC)	-0.43	不平稳
$DLNE_t$	(c, 0, AIC)	-2.76*	平稳
$LNGDP_t$	(c, 0, AIC)	-0.58	不平稳
$DLNGDP_t$	(c, 0, AIC)	-3.66***	平稳

续表

变量	检验形式（c, t, AIC）	ADF 统计量	结论
UL_t	（c, t, AIC）	−1.45	不平稳
DUL_t	（c, t, AIC）	−3.33 *	平稳

注：D 表示变量的一阶差分；（c, t, AIC）中，c 表示截距项，t 表示时间趋势，AIC 是判定滞后项的判定规则；*、**、*** 分别表示 10%、5%、1% 的显著性水平。
资料来源：《中国统计年鉴》和 CDIAC 数据库。

由表 3－1 可以看出，水平变量 LNE_t、LNY_t、UL_t 都存在单位根，这三个样本数列是非平稳的，但是其一阶差分后是平稳数列，满足 I(1)。因此，所有变量均为一阶平稳，可以运用 ARDL 方法研究变量之间的相互关系。

2. 协整检验

在进行协整分析之前，要选择恰当的滞后阶数。方法为：对各变量进行充分滞后，再依据 AIC 和 SBC 准则进行筛选。由表 3－2 可知，选择不带趋势项，最大滞后阶数为 4。

表 3－2　　　　　ARDL 模型滞后 1～6 阶的 AIC 值和 SBC 值

参考准则	趋势项	滞后阶数						
		0	1	2	3	4	5	6
AIC	NT	57. 707	60. 5314	57. 5524	54. 8313	55. 4988	60. 3021	69. 8462
	T	56. 8206	60. 0324	56. 9210	54. 6837	54. 6278	59. 5662	68. 9617
SBC	NT	54. 5404	55. 0876	49. 9206	45. 1040	43. 7729	46. 6793	54. 4330
	T	52. 8618	53. 8110	48. 5260	44. 2081	42. 1690	45. 2263	52. 8479

注：NT 为不带趋势项，T 为带趋势项。
资料来源：《中国统计年鉴》和 CDIAC 数据库。

在协整分析中，边限检验是建立在 F 检验的基础上的，F 统计量的渐进分布是非标准的，零假设为变量之间没有协整关系。即在式（3－3）中，无协整关系的零假设 H0：$\lambda_1 = \lambda_2 = \lambda_3 = 0$，备择假设 H1：$\lambda_1 \neq \lambda_2 \neq \lambda_3 \neq 0$。

彼萨兰（2001）等的研究在不同的显著性水平上报告了一对临界值，其中一个临界值假定变量为 I(0) 过程，另一个临界值假定变量为 I(1) 过程。如果 F 统计量高于较大的临界值，无协整关系的零假设被拒绝，变量间存在长期的协整关系。如果 F 统计量低于较小的临界值，零假设不能被拒绝，变量间不存在协整关系。如果 F 统计量介于两个临界值之间，则无法确定变量间是否存在协整关系。按照克雷默斯和巴纳吉等（Kremers et al.，1992；Banerjee et al.，1998）的研究，误差纠正项用于建立协整，如果误差纠正项的系数为负并且显著，则存在长期的协整关系。

从决定式（3-3）一阶差分的滞后期开始，使用 AIC 和 LM 检验滞后一期无序列相关的假定，然后检验变量间是否存在长期的协整关系。更具体地，无长期协整关系的零假设 H0：$\lambda_1 = \lambda_2 = \lambda_3 = 0$，由 F 检验进行验证，由表 3-3 显示，滞后期 =4 时，F 统计量 =5.13（5% 水平）。因此，零假设被拒绝，碳排放与外商直接投和经济增长之间存在稳定的长期关系。LM 统计量显示，无序列相关的假设不能被拒绝（1% 水平），支持了滞后期为 4 的判定。

表 3-3　　　　　　　　　　边限检验的结果

显著性水平	10%		5%		1%	
	I(0)	I(1)	I(0)	I(1)	I(0)	I(1)
临界值	3.17	4.14	3.79	4.85	5.15	6.36
F 统计量	5.13					
$\chi^2_{SC}(1)$	15.69					
结论	存在协整关系					

注：滞后期的选择由 AIC 准则判定，$\chi^2_{SC}(1)$ 是 LM 统计量，检验滞后 4 期时不存在序列相关。临界值来源于彼萨兰（2001）给出的临界值表 Table C Case Ⅲ。
资料来源：《中国统计年鉴》和 CDIAC 数据库。

3. 长期均衡系数和短期动态关系

发现变量之间长期关系的存在性后，下面检验长期系数和误差纠正模型。令式（3-3）的一阶差分项都为 0，就得到了长期模型。表 3-4 为长期系数的估计结果，所有解释变量的系数都是显著的。城镇化（UL）的系数是显著的（在 1% 的显著性水平下），城镇化与碳排放的关系为正，城镇化率增加 1%，碳排放增加 0.044%，这意味着城镇化的进程恶化了环境，尽管作用很微弱。这个结果是由城镇化的特征带来的，人口由低排放的农村迁移到了高排放的城镇，农村人口由低碳的农业部门转移到了高碳的工业部门，加速了污染进程。碳排放与 GDP 的关系是长期正向的，经济增长 1%，碳排放增长 0.256%，这表明我国快速的经济增长恶化了环境。这个结果也表明我国未达到收入水平的 EKC 拐点，因而经济增长带来了经济规模的扩张和环境的恶化。

表 3 - 4　　　　　　　　　　AIC 准则下的模型结果

被解释变量	LNE
解释变量	AIC 准则 ARDL (2，3，4)
LNGDP	0. 256 (2. 27) **
UL	0. 044 *** (6. 67)
Constant	8. 44 *** (17. 05)

注: *** 和 ** 代表 1% 和 5% 的显著性水平，括号中的值为 T 值。
资料来源:《中国统计年鉴》和 CDIAC 数据库。

在得到协整方程的长期系数之后，进而可求得误差项的估计值。此处采用基于 ARDL 的误差修正模型来研究各变量对碳排放的短期动态调整关系，如式 (3 - 4) 所示。

$$\ln E_{it} = \alpha + \sum_{k=1}^{p} \varepsilon_k \Delta \ln E_{i,t-k} + \sum_{k=1}^{p} \phi_k \Delta UL_{i,t-k}$$

$$+ \sum_{k=1}^{p} \varphi_k \Delta \ln GDP_{i,t-k} + \lambda ECM_{t-1} \qquad (3-4)$$

误差纠正模型通过 ARDL 方法能够反映碳排放、经济增长与城镇化之间的短期动态关系（见表 3 - 5）。结果显示，UL 的系数为正，在 5% 的水平上显著，意味着在短期中城镇化恶化了环境。经济增长与碳排放是正向的关系，在 5% 的水平上显著。这说明，在短期内与长期一样，经济增长带动碳排放增加。

值得一提的是，误差纠正项（ECM_{t-1}）为负，在 1% 的水平上显著。（ECM_{t-1}）的系数显示了回到长期均衡的调整速度，（ECM_{t-1}）为负意味着能得到长期均衡。也就是说，当经济发生波动时，碳排放能回到长期均衡。（ECM_{t-1}）的系数为 - 0. 05，表明一年中有 5% 的调整发生。

4. 检验

对短期模型的检验显示，不存在序列相关和异方差。进一步检验参数的稳定性，应用 CUSUM 检验和 CUSUMSQ 检验来检验误差纠正方程的残差。结果显示，系数在同样的样本区间是稳定的（见表 3 - 5）。

表 3 – 5　　　　　　　　　　　ARDL 误差纠正模型结果

被解释变量	
解释变量	估计值
$\Delta \ln E_{i,t-k}$	0.55 (4.28) ***
$\Delta \ln FDI_{i,t-k}$	0.042 (2.18) **
$\Delta \ln GDP_{i,t-k}$	0.60 (2.62) **
Constant	2.47 (4.42) ***
ECM_{t-1}	−0.05 (−4.42) ***
序列相关	2.07
异方差	1.66 [0.23]
CUSUM	稳定
CUSUMSQ	稳定

注：*** 和 ** 代表 1% 和 5% 的显著性水平，括号中的值为 T 值，方括号中的值为 P 值。
资料来源：《中国统计年鉴》和 CDIAC 数据库。

3.1.3　小结

　　本节利用 ARDL 方法研究了我国城镇化与碳排放之间的动态联系与长短期相互关系并进行了实证检验，得出以下两个结论：（1）在长短期内，城镇化与二氧化碳排放是正相关的关系，城镇化的进程在一定程度上增加了我国环境的压力，这是由城市化进程中高耗能的增长特征带来的；（2）无论在长期还是短期，经济增长与碳排放之间是正相关关系，经济增长带来了经济规模的扩张和环境的恶化。实证研究发现，短期系数高于长期系数，意味着当前的经济增长依然是高能耗、高污染、高排放的，短期的经济增长恶化了环境。随着政策引导与推动，经济增长方式逐渐向高效能、高效率和高效益的方向转型。但是，从过去长期看，我国仍未超过环境库兹涅茨曲线的拐点。

3.2　城镇人口规模与碳排放——基于面板门限回归模型的研究[①]

3.2.1　门限回归模型

汉森（1996，1999，2000）经过数年的研究，最终形成了多元面板门限回归模型，结构方程为式（3-5）。

$$y_{it} = \mu_i + \beta_1' x_{it} I(q_{it} \leq \gamma) + \beta_2' x_{it} I(q_{it} > \gamma) + e_{it} \qquad (3-5)$$

式（3-5）也可写为式（3-6）。

$$y_{it} = \begin{cases} \mu_i + \beta_1' x_{it} + e_{it}, & q_{it} \leq \gamma \\ \mu_i + \beta_2' x_{it} + e_{it}, & q_{it} > \gamma \end{cases} \qquad (3-6)$$

其中，因变量 y_{it} 是标量，门限变量 q_{it} 是标量，回归元 x_{it} 是矢量。为了将两式的和区别开来，要求 X_{it} 为时间变量。假设门槛变量 q_{it} 也是时间变量，残差 e_{it} 是独立的，均值为 0，有限方差 σ_2。独立同分布假说排除了滞后自变量。

借鉴 Hansen 的多元面板门限回归模型，建立结构方程，见式（3-7）。

$$\ln C_{it} = \mu_i + \beta_1 \ln P_{it} I(P_{it} \leq \gamma) + \beta_2 \ln P_{it} I(P_{it} > \gamma) + X_{it} + e_{it} \qquad (3-7)$$

式（3-7）也可记为式（3-8）。

$$\ln C_{it} = \begin{cases} \mu_i + \beta_1 \ln P_{it} I + x_{it} + e_{it}, & P_{it} \leq \gamma \\ \mu_i + \beta_2 \ln P_{it} I + x_{it} + e_{it}, & P_{it} > \gamma \end{cases} \qquad (3-8)$$

其中，ln 表示取对数，被解释变量 C_{it} 为城市二氧化碳排放量。迪茨和罗莎（Dietz and Rosa）提出了随机 IPAT 等式，并将其模型称为 STIRPAT，认为人口、人均 GDP 和技术水平是影响环境的三大主要因素。因此在门限回归模型中，人口规模（P）为核心解释变量与门限变量，X_{it} 指其他控制变量，i 和 t 分别表示第 i 个市和第 t 年，e 反映残差项。

根据 STIRPAT 模型和众多文献的研究结论（Shafik，1994；Holtz-Eakin and Selden，1995；Tucker，1995），经济增长对环境的影响是显著的，因此，将经济增长作为控制变量加入模型，用人均地区生产总值度量地区经济增长。

"污染天堂"假说（Matthew A Cole，2005；Eskeland and Harrison，2003）

---

① 本节内容主体部分已由本书作者公开发表于产业经济评论，2017，16（3）：42-60.

认为由于不发达国家的环境管制程度弱于发达国家，污染密集型行业必然向发展中国家转移，从而将发展中国家变成"污染天堂"。为了检验"污染天堂"假说，本处将外商直接投资作为控制变量加入模型。

格罗斯曼和克鲁格（1992）提出污染排放分解公式，认为经济结构是影响环境的主要因素之一。因此，用制造业占地区生产总值的比重表示产业结构，将其作为控制变量加入模型，以捕捉结构变迁对碳排放的影响。

3.2.2　数　据

本节考察不同的城市规模下人口规模对二氧化碳排放的非线性影响，除此之外，考虑到其他因素也会影响碳排放，还引入其他控制变量。

（1）被解释变量城市碳排放。关于城市碳排放量，由于目前我国缺少官方机构公布的统计数字，因此，本书中中国二氧化碳排放的国家层面的数据主要来自美国二氧化碳信息分析中心（CDIAC）、国际能源总署（IEA）和美国能源信息管理局（EIA）。以上机构公布的是数据是整个国家的碳排放总量，缺乏国家内部分区域的碳排放数据，因此难以满足研究需要。因此二氧化碳排放量通常根据式（3 - 9）测算得到。

$$C = \sum E \times CF \times CC \times COF \times (44/12) \qquad (3-9)$$

式（3 - 9）中，C 指估算的化石能源消耗的二氧化碳排放。E 是能源消费数据，目前城市层面的能源消费数据尚无专门的机构进行统计，主要得自以下两种数据源：一是各城市原料煤、燃料煤、燃料油数据，来源于《中国环境年鉴》；二是城市天然气、人工煤气、液化石油气，来源于中经网统计数据库。CF 是各种能源的净发热值，CC 是碳排放系数，COF 是碳氧化因子。（44/12）指碳原子质量转换为二氧化碳分子量的系数。本书估算二氧化碳排放量的折算系数与碳排放系数来源于联合国政府间气候变化专门委员会（IPCC）（见表 3 - 6）。

表 3 - 6　　　　　　　　　　　　二氧化碳排放估算系数

能源	平均低位发热量		折标煤系数		二氧化碳排放系数	
	值	单位	值	单位	值	单位
燃料煤	5000	千卡/千克	0.714	千克/千克	1.98	千克/千克
原料煤	6300	千卡/千克	0.9000	千克/千克	2.495	千克/千克
燃料油	10000	千卡/千克	1.429	千克/千克	3.239	千克/千克

续表

能源	平均低位发热量		折标煤系数		二氧化碳排放系数	
	值	单位	值	单位	值	单位
煤气	4000	千卡/立方米	5.714	千克/立方米	0.743	千克/立方米
液化石油气	12000	千卡/千克	1.714	千克/立方米	3.169	千克/千克

资料来源：IPCC。

（2）核心解释变量和门限变量城市人口规模，通常用人口等指标来衡量，文中的城市人口规模用年末城镇人口数来度量，数据来源于《中国城市统计年鉴》。

（3）控制变量。为了控制其他因素的影响，选取了其他控制变量。经济发展的实践和众多文献研究表明，经济增长对环境的影响是显著的，本书用人均地区生产总值度量地区经济增长，考虑到数据的可比性，换算为实际值（上年 = 100）；工业结构是影响环境质量的重要因素，依据格鲁斯曼和克鲁格（1991）提出的污染排放分解模型，结构效应对环境的影响可能是积极的，也可能是消极的。中国正处于工业化阶段，因此本书用制造业占地区生产总值的比重表示产业结构，以捕捉工业结构对环境的影响；开放度也是影响环境的基本因素，外商直接投资对环境的影响主要围绕"污染天堂"假说展开。经济开放对中国的影响深远，因此，本书通过计算外商直接投资占地区生产总值的比重来发现 FDI 对碳排放的作用。

本书采用 108 个地级市的样本数据。用于估算城市层面碳排放量的能源消费数据来源于历年《中国环境年鉴》和中经网统计数据库，年末总人口、人均地区生产总值、制造占地区生产总值的比重、实际利用外资占地区生产总值的比重等原始数据来源于中经网统计数据库、《中国城市建设统计年鉴》《中国城市统计年鉴》。其中实际利用外资用当年汇率换算为人民币，人均地区生产总值换算为实际值（上年 = 100），样本时间区间为 2003 ~ 2015 年。各变量的描述性统计见表 3 - 7。

表 3 - 7　　　　　　　　　　　　变量统计描述

变量	定义	单位	均值	最大值	最小值	标准差
CO_2	城市碳排放	万吨	2866.78	21992.25	5.53	2469.35
P	年末城镇人口	万人	221.53	2116	36.18	223.74

续表

变量	定义	单位	均值	最大值	最小值	标准差
PGDP	人均地区生产总值	元	44799.58	267785.3	5556	26979.32
manu	制造业占 GDP 的比重	%	51.869	89.19	17.710	11.33
fdigdp	外商直接投资占地区生产总值的比重	%	0.0351	0.3758	0.0001	0.0378

资料来源:《中国环境年鉴》、中经网统计数据库、《中国城市建设统计年鉴》《中国城市统计年鉴》。

3.2.3　实证分析

1. 面板门限回归模型的检验

为了更准确地描述不同的城市规模下碳排放和人口规模之间的关系,在模型的设定上,本书跳出传统的线性假设,通过面板门限回归模型来估计和检验碳排放和城市人口规模之间的关系。在实证研究中以人口规模为门限变量,不同的体制(regime)是由人口规模大于或小于某一门槛值来决定的。

在对门限值进行估计时,通常运用"格子搜索"(Grid-Search)方法。本书首先将样本中的人口规模(P)变量进行升序排列,忽略掉人口规模变量首尾各约 10% 的观测值;然后以不同的人口规模(P)为门限值对模型进行估计,并得到其残差,利用残差平方和最小原则找到门限估计值后,进而利用自助抽样法(Boot strap)来估计门限值的统计显著性,以进一步检验是否存在着门限效应。由于 LM 检验量具有非标准分布,需要用自助抽样法计算 P 值,次数为 3000 次,结果如表 3 - 8 所示。

在实证研究中,城市人口规模搜索到的第一个门限值为 127,进行门限检验时得到的 LM 统计量为 88.62,P 值为 0.00123,在 1% 的显著性水平下拒绝无门限效应的零假设。继续检验模型是否存在着两个门限值。先固定第一个门限值 127,继续利用"Grid-Search"进行第二次搜索,得到的门限值为 510,进行门限检验时得到的 LM 统计量为 76.35,P 值为 0.003333,在 1% 的显著性水平下拒绝只有一个门限的零假设。继续搜索第 3 个门限值,对应的 P 值为 0.43,拒绝了存在 3 个门限的假设。因此,判断模型中存在 2 个门限,结果见表 3 - 8。

表 3 - 8　　　　　　　　　　　　　人口规模的门限效应检验

H$_0$	H$_1$	LM 检验统计量	结论
无门限效应	1 个门限	88.62 *** (0.00123)	拒绝 H$_0$
1 个门限	2 个门限	76.35 *** (0.003333)	拒绝 H$_0$
2 个门限	3 个门限	25.87 (0.43)	接受 H$_0$

注：括号内数值为 P 值；*** 分别代表 1% 的显著性水平。

资料来源：《中国环境年鉴》、中经网统计数据库、《中国城市建设统计年鉴》《中国城市统计年鉴》。

2. 实证结果

上述检验结果表明，反映我国城市规模与碳排放之间关系的非线性回归模型有 2 个门限，分别为 127 和 510。在实证分析中可表达为 3 体制的门限回归模型，见式（3 - 10）。

$$\ln C_{it} = \mu_i + \beta_1 \ln P_{it} I(P_{it} \leqslant 127) + \beta_2 \ln P_{it} I(127 < P \leqslant 510)$$
$$+ \beta_3 \ln P_{it} I(P > 510) + \beta_4 \ln PGDP + \beta_5 manu + \beta_6 fdigdp + e_{it}$$

$$(3 - 10)$$

利用 matlab 7.0 对式（3 - 10）进行估计，估计结果见表 3 - 9。

表 3 - 9　　　　　　　　　　　　面板门限回归模型的估计结果

变量	取值区间	碳排放（lnC）	
		系数	T 值
	截距项	1.326 ***	10.66
城市人口规模（P）		0.331 ***	18.15
		0.529 ***	23.90
		1.078 ***	17.62
其他控制变量	lnPGDP	0.838 ***	7.99
	manu	0.01	1.55
	fdigdp	-0.88	(-1.36)

续表

变量	取值区间	碳排放（lnC）	
		系数	T 值
R²		0.43	
Hauseman 检验		44.7（0.04）**	
F 检验		38.59（0.0000）***	

注：括号内数值为 P 值；*** 和 ** 分别代表 1% 和 5% 的显著性水平。
资料来源：《中国环境年鉴》、中经网统计数据库、《中国城市建设统计年鉴》《中国城市统计年鉴》。

从表 3 - 9 中可以发现，Hauseman 检验统计量为 44.7，P 值为 0.04，支持固定效应模型，因此本书选用门限固定效应模型。F 检验表明模型存在着较为明显的个体效应，混合效应的估计结果便不再合适。估计结果显示：R^2 大于 40%，各变量对于碳排放的解释力度良好。回归系数均通过了 1% 的显著性水平检验，回归结果表明城市人口规模与碳排放之间是非线性正相关的关系。在人口规模的三个区间内，回归系数均大于 0，表明城市化的推进与人口规模的扩张带来了城市碳排放的增加，这与之前学者们的研究结论是一致的。人口少于 127 万人的中等城市，人口增长 1%，城市碳排放增长 0.331%，城市规模扩张带来的温室气体增加的增量最小；人口规模 127 万 ~ 510 万人的大城市，人口增长 1%，城市碳排放增长 0.529%；人口超过 510 万人的特大城市和超大城市，人口增长 1%，城市碳排放增长 1.078%。因此中等城市人口规模扩张带来的碳排放的增量最少，人口超过 500 万人的大城市是高碳的。人均 GDP 与二氧化碳排放高度正相关，经济增长带来能源消耗增长和温室气体排放增加，说明我国尚未跨越环境库兹涅茨曲线的拐点。制造业份额的增加也促进了温室气体排放，但系数并不显著。实证的结果也发现外商直接投资份额的增加减少了碳排放，但没有通过显著性检验。

3. 稳健性检验

为了检验人口规模影响碳排放的门限效应的稳键性，本书将全样本进行分组，分为人口规模小于 100 万人、人口规模大于 500 万人和人口规模 100 万 ~ 500 万人三组样本。表 3 - 10 报告了人口规模小于 100 万人城市样本的回归结果，模型（1）是固定效应估计的结果，模型（2）是随机效应估计的结果，模型（3）是混合回归的结果，模型（4）是组间估计的结果。根据固定效应的 F 检验和 LSDV 法，强烈拒绝原假设，即存在个体效应，固定效应优于混合回归。随机效应模型的 LM 检验也拒绝了不存在个体效应的原假设,因此不应使用混合回归。考虑到模型中聚类稳健标准误与普通标准误相差较大,传统的豪斯曼检验并不适用,因此进行辅助回归。辅助回归的 χ^2 统计量为 $\chi^2(4) = 23.76$,P 值为 0.00,故拒绝随机效应,采用固定效应模型。由于组间估计会损失较多的信息量,因此仅作为对照的方法。表 3 – 10 中仅考察固定效应估计,模型 (1) 为首选模型,主要的解释集中在固定效应模型上。固定效应估计结果显示,人口规模的系数为 0.249,即人口增长 1%,二氧化碳排放增加 0.249%。人均地区生产总值也与碳排放显著正相关,人均地区生产总值增加 1%,二氧化碳排放上升 0.534%。制造业占 GDP 的比重对温室气体排放的影响很微弱,且没有通过显著性检验。外商直接投资占地区生产总值的比重与碳排放负相关,但在统计上不显著。

表 3 – 10　　　　　　　　人口规模少于 100 万人的城市样本回归结果

解释变量	模型 (1)	模型 (2)	模型 (3)	模型 (4)
lnP	0.249 ** (2.21)	0.346 *** (2.98)	1.57 *** (6.02)	1.283 ** (2.04)
lnPGDP	0.534 *** (6.74)	0.521 *** (7.34)	0.401 *** (5.87)	0.42 (1.13)
manu	0.004 (0.67)	0.0058 (1.04)	0.027 *** (7.61)	0.033 ** (2.15)
fdigdp	– 0.76 (– 1.12)	– 0.869 (– 1.12)	– 3.92 *** (– 6.11)	– 7.81 (– 1.27)
常数项	0.566 (0.66)	4.667 *** (9.9)	– 3.471 *** (– 2.84)	– 4.33 (– 1.07)
R²	0.477	0.413	0.45	0.5
F 或 WALD	24.92 (0.00)	78.33 (0.00)	96.83 (0.00)	33.26 (0.00)
χ^2 统计量	23.76 (0.00)			
模型	固定效应	随机效应	OLS	组间估计 (BE)
城市数	32	32	32	32

注:括号里为 T 值或 Z 值,** 和 *** 分别对应 5% 和 1% 的显著性水平。

资料来源:《中国环境年鉴》、中经网统计数据库、《中国城市建设统计年鉴》《中国城市统计年鉴》。

表 3 – 11 报告了人口规模大于 500 万人的城市回归结果。根据固定效应的 F 检验和 LSDV 法，强烈拒绝原假设，即存在个体效应，固定效应优于混合回归。随机效应模型的 LM 检验也拒绝了不存在个体效应的原假设，因而不应使用混合回归。辅助回归的 χ^2 统计量为 28.15，P 值为 0.00，故拒绝随机效应，采用固定效应模型，组间估计仅作为对照的方法。表 3 – 11 中仅考察固定效应估计，模型（5）为主要解释的模型。模型（5）即固定效应回归模型的结果显示，人口规模对数的系数为 0.571，高于模型（1）的系数，表明人口增长 1%，二氧化碳排放增加 0.571%。人均地区生产总值增加 1%，二氧化碳排放上升 0.53%。制造业份额的系数很小，但显著为正。外商直接投资份额的系数为负但没有通过统计检验。

表 3 – 11　　　　　　　人口规模大于 500 万人的城市样本回归结果

解释变量	模型（5）	模型（6）	模型（7）	模型（8）
lnP	0.571 *** (4.99)	0.741 *** (7.03)	0.572 *** (5.11)	1.495 *** (5.59)
lnPGDP	0.53 *** (5.88)	0.557 *** (7.91)	0.509 *** (13.39)	0.91 *** (4.55)
manu	0.011 ** (2.18)	0.012 *** (2.98)	0.012 *** (4.22)	0.022 (1.45)
fdigdp	– 0.631 (– 0.66)	– 1.13 (– 1.18)	– 7.26 (– 0.74)	– 2.11 (– 0.86)
常数项	– 1.04 (– 0.57)	– 1.41 (– 1.06)	– 0.85 (– 1.02)	– 11.26 *** (– 3.41)
R^2	0.778	0.75	0.76	0.801
F 或 WALD	68.2 (0.00)	182.11 (0.00)	91.35 (0.00)	33.76 (0.00)
χ^2 统计量	28.15 (0.00)	—	—	—
模型	固定效应	随机效应	OLS	组间估计（BE）
城市数	121	121	121	121

注：括号里为 T 值或 Z 值，** 和 *** 分别对应 5% 和 1% 的显著性水平。

资料来源：《中国环境年鉴》、中经网统计数据库、《中国城市建设统计年鉴》《中国城市统计年鉴》。

表 3-12 报告了人口规模为 100 万~500 万人的城市回归结果。同理，采用固定效应模型，即主要解释模型 (9)。在固定效应模型的估计结果中，人口规模对数的系数为 0.139，低于模型 (1) 和模型 (5) 的系数，但没有通过显著性检验。人均地区生产总值增长 1%，碳排放增长 0.585%。制造业份额对碳排放的影响很小且不显著。FDI 占地区生产总值比重对碳排放的影响显著为负，FDI 份额上升 1%，能实现碳减排 1.12%。

表 3-12　　　　　　　　　人口规模为 100 万~500 万人的城市样本回归结果

解释变量	模型 (9)	模型 (10)	模型 (11)	模型 (12)
lnP	0.139 (1.43)	0.23 ** (2.01)	0.15 ** (2.03)	0.765 *** (4.15)
lnPGDP	0.585 *** (10.63)	0.564 *** (10.3)	0.575 *** (23.58)	0.442 ** (2.23)
manu	0.0014 (0.44)	0.0019 (0.53)	0.0015 (0.87)	0.018 ** (1.89)
fdigdp	-1.12 ** (-2.05)	-1.2 ** (-2.01)	-1.08 *** (-3.22)	-3.95 (1.58)
常数项	1.16 ** (1.99)	0.99 ** (1.97)	1.17 *** (3.9)	-1.61 (-0.901)
R^2	0.654	0.654	0.654	0.37
F 或 WALD	72.59 (0.00)	293.1 (0.00)	271.26 (0.00)	19.1 (0.00)
χ^2 统计量	10.13 (0.039)	—	—	—
模型	固定效应	随机效应	OLS	组间估计 (BE)
城市数	63	63	63	63

注：括号里为 T 值或 Z 值，** 和 *** 分别对应 5% 和 1% 的显著性水平。
资料来源：《中国环境年鉴》、中经网统计数据库、《中国城市建设统计年鉴》《中国城市统计年鉴》。

稳健性检验发现，在人口少于 100 万人的样本中，人口规模带来的碳排放增量是最小的。而在人口多于 500 万人的特大和超大城市样本中，人口规模引致的碳排放增量是最多的。这与门限回归的结果一致，分样本的回归证实了城市人口规模影响碳排放的门限效应。

从实证结果中发现，首先，城市人口规模扩张增加了中国的二氧化碳排放量。这一结论在门限回归及稳健性检验中都得到了证实，也与沈等（Shen et al.，2005）和林等（Lin et al.，2009）的研究结果一致。这是因为：第一，城市人口规模扩张可能导致公共和私人运输的加速发展，需要额外的能源和排放更多的二氧化碳。城市人口的增加可能导致许多产品和人工远距离运输，从而刺激了交通碳排放。此外，城市的扩张与长途交通促进了城市内私人交通迅速发展。第二，城市人口的扩张总是伴随着公共基础设施的改善，其中大部分以道路网、供水、污水处理、卫生排水系统和电网等建筑设施的形式存在。同时，公共基础设施的建设、运行和维护造成额外的能源消耗和二氧化碳排放。迁移到城市地区的农村居民将生活方式从农村生活方式转变为城市生活方式，这改变了他们的需求和行为，影响了其他商品的需求和服务，带来更多的能源消耗和更多的二氧化碳排放。

其次，发现反映我国城市人口规模与碳排放之间关系的非线性回归模型具有 2 个门限值。不同人口规模对碳排放的影响是不同的。中等城市的人口增加引致的碳排放增量最少，其次是人口数量少于 510 万人的大城市，而特大和超大城市的城镇化进程带来的碳排放增加是最多的。这一结论得到了稳健性检验的支持。这是因为，首先，在城镇化进程中，特大与超大城市的城镇化速度快于其他人口等级的城市。大量的人口从农村或中小城市迁入特大与超大城市，人口的激增带来了碳排放的激增。其次，特大与超大城市的人口膨胀刺激了城市空间分布"摊大饼"式的扩张，城市的低密度无序蔓延带来了能源消费增长和碳排放剧增。再次，始于 20 世纪 80 年代的大城市郊区化使得市民通勤距离加长，导致私人轿车数量的激增与交通拥堵，从而增加了环境压力，带来了巨大的交通碳排放增量。最后，城市越大，公共基础设施越发达，公共基础设施的建设、运行和维护造成了额外的能源消耗和二氧化碳排放。

3.2.4　小结

为了准确刻画不同的城市规模下人口规模与二氧化碳排放之间的关系，本章跳出传统的线性模型框架，尝试应用非线性模型来检验城市规模对碳排放的影响。采用中国 108 个地级及以上城市的面板数据，借鉴汉森（1996，1999，2000）的面板门限回归模型进行实证研究，试图发现不同城市人口规模对碳排放的不同影响，得到下列主要结论。（1）证实了之前学者的研究结果：城镇化的进程显著地增加了碳排放，这是由于人口增长增加了对能源的需求与消耗；（2）反映中国城市人口规模与碳排放之间的非线性回归模型具有 2 个门限值，分别为 127 万人和 510 万人；（3）在不同城镇规模下，人口规模对碳排放的影响是不同的。中等城市的人口增加引致的碳排放增量最少，其次是人口少于 510 万人的大城市，而特大和超大城市的城镇化进程带来的碳排放增加是最多的。

上述发现表明，人口过度进入特大城市和超大城市不利于低碳增长。如果对城镇化进程进行政策引导，控制人口进入特大和超大城市，鼓励和引导人口流入中等城市和人口在 500 万人以下的大城市将有利于实现低碳增长和可持续发展。

本章的研究仅是一个初步的结果，关于城镇化对碳排放的影响效应，只考虑了城镇人口规模的影响，度量城镇化的其他重要指标，如城镇空间结构、城市形态尚未考虑进来。本书后面章节的研究考虑将城镇人口规模扩展至城镇空间规模，发现与检验城镇空间结构的碳排放影响效应，从而揭示新常态下城镇化阶段的低碳增长路径。

第 4 章　城镇空间结构的碳排放
效应研究[①]

　　作为生产与消费的集聚地，城市是能源的集中消耗地和二氧化碳的主要排放地。仅占世界面积2%的城市，产生的温室气体排放却占全球的75%左右。因此，未来只有减少城镇二氧化碳的排放，才能降低全球碳排放。中国目前处于城镇化的中期，大量人口涌入城镇，城市人口规模的大幅度扩张显著地加速了能源消耗和碳排放。此外，中国经济结构的特点主要是二元经济。城市占中国总能耗的75.15%，城市地区平均每人耗能是农村的6.8倍。中国前35个大城市，只拥有18%的人口，却贡献了40%的碳排放。城市家庭的碳排放占总排放量的73%。因此，城市在中国的能耗与碳排放中占主导地位，中国减能与降碳的主要压力集中在城市。为实现低碳的城镇化，合理的城市空间结构分布是关键。城市空间结构分为紧凑型与分散型两种。紧凑型空间结构是指在有限的城市空间内布置较高密度的产业和人口，以城市高密度、功能紧凑为特征，实现资源节约与环境友好（张换兆、郝寿义，2008；韩笋生，2004）。分散型空间结构以低人口密度为特征，其"摊大饼"式的空间分布形态往往带来资源环境的破坏。为了实现城市空间结构的低碳化，学者们推荐紧凑的空间结构形态（Fong W et al.，2009；秦波、邵然，2011；潘海啸等，2008；陈海燕、贾倍思，2006），认为紧凑型城市能够减少交通碳排放和建筑碳排放，从而实现低碳城镇化。

　　2015年底召开的中央城市工作会议提出，要坚持集约发展，树立"紧凑城市"理念，推动城市发展由外延扩张式向内涵提升式转变。那么，建立紧凑城市实现低碳发展的可行性和必要性如何，是当前中国学术界关注与探讨的重要课题，也是本章的研究意义之所在。

[①] 本章内容主体部分已公开发表，见紧凑的城市是低碳的吗？城市规划（CSSCI），2018年第5期。

4.1　计量模型及变量选取

本书考虑空间结构对碳排放的影响，建立模型，见式（4-1）。

$$LNCO_{2it} = \beta_0 + \beta_1 LN(CITYSTRU)_{it} + \beta_2 LN(CITYSIZE)_{it}$$
$$+ \beta_i CONTR_{it} + \gamma_t + \eta_i + \varepsilon_{it} \qquad (4-1)$$

式（4-1）中，LN 表示取对数，CO_2 表示城镇二氧化碳排放量，CITYST-RU 指城镇空间结构，CITYSIZE 指城市规模，CONTR 指其他控制变量，i 和 t 分别表示第 i 个市和第 t 年，γ_t 表示时间固定效应，η_i 表示城市固定效应，ε_{it} 反映残差项；$CONTR_{it}$ 指其他控制变量，包括城市发展水平、技术水平、经济结构、开放度、基础设施等。考虑经典环境经济学模型的影响因素，将其作为控制变量加入模型。迪茨和罗莎提出了随机 IPAT 等式，并将其模型称为 STIRPAT，认为人口、人均 GDP 和技术水平是影响环境的三大主要因素。格鲁斯曼和克鲁格（1992）提出污染排放分解公式，认为规模、技术和结构是影响环境的三大主要因素。因此，本章控制变量包括人口规模和经济规模、富裕程度（人均 GDP）、技术水平（碳强度）和经济结构。为了检验"污染天堂"假说，将外商直接投资也加入控制变量。考虑到基础设施水平对城镇碳排放的影响，也将基础设施水平作为控制变量加入模型。

（1）二氧化碳排放量。中国目前没有官方公布的城市层面的碳排放数据。由于 90% 以上的碳排放来自煤炭、石油、天然气等化石能源消耗，因此，根据化石能源消耗量及二氧化碳转换因子来估算城市碳排放量计算公式（4-2）。

$$CO_2 = \sum E \times CF \times CC \times COF \times (44/12) \qquad (4-2)$$

式（4-2）中，CO_2 指估算的化石能源消耗的二氧化碳排放。E 指能源消费数据，目前城市层面的能源消费数据尚无专门的机构进行统计，本书主要得自以下两种数据源：一是各城市原料煤、燃料煤、燃料油数据，来源于《中国环境年鉴》；二是城市天然气、人工煤气、液化石油气和电力消费量，来源于中经网统计数据库。CF 是各种能源的净发热值，CC 是碳排放系数，COF 是碳氧化因子；44 是二氧化碳分子量，12 是碳原子量，（44/12）指碳原子质量转换为二氧化碳分子量的系数，本书估算二氧化碳排放量的折算系数与碳排放系数来源于 IPCC。

（2）城镇空间结构。城镇空间结构是城镇人口内部分布的表现状态，一般表现为高密度的紧凑型与低密度的分散型两种空间结构模式。人口密度和居住密度经常用来衡量城市空间结构。本书采用居住密度（iden）作为空间结构的代理变量（Travisi，Camagni and Nijkamp，2010；Bertaud，2009）。居住密度指单位居住面积的平均人口，用城市年末人口总量除以居住面积，居住密度高的城市属于紧凑型城市。紧凑型城市缩短了通勤距离，减少了能源消费及温室气体排放，因此，预计居住密度与碳排放为负相关关系。

（3）城镇规模。城镇规模包涵人口规模、经济规模和空间规模三个方面，一般采用各城市年末人口数（POP）、地区生产总值（GDP）来度量城镇规模，本书采用年末人口数。城市的能源消费水平高于农村，人口从乡村向城镇迁移加剧了能源消费和温室气体排放的增长，因此，多数研究认为人口城镇化增加了碳排放。

（4）发展水平。城市发展水平是衡量一个城市发达程度和经济增长水平的变量，本书选用人均地区生产总值（PGDP）来衡量城市发展水平。经济增长刺激能源消耗，因此人均 GDP 与碳排放的关系预计为正相关。

（5）技术水平。用碳强度（T）来表示，即单位 GDP 的碳排放。在目前城镇化工业化的发展进程中，单位 GDP 生产往往伴随能源消耗以及碳强度上升。碳强度是衡量能源使用效率的重要指标。能源使用效率降低，引起碳强度上升；技术水平越高、技术进步越快，碳强度越低。因此碳强度与因变量碳排放的预期关系为同方向变化。

（6）经济结构。结构效应是影响污染水平的重要因素。当一国处于工业化阶段时，环境污染加重，碳排放增加，结构效应对环境的影响是消极的。当经济发展到更高水平时，产业结构相应转型，由污染密集型和资源密集型为主向技术密集型和资源节约型的产业升级，从而减少污染和二氧化碳排放。本书用第二产业占地区生产总值的比重（manu）来度量结构效应。

（7）经济开放度。外商直接投资也是影响碳排放的重要因素。外商直接投资对碳排放的影响可以分解为规模效应、结构效应和技术效应（Grossman and Krueger，1992），外商直接投资与环境的关系存在着"污染天堂"假说（Copeland and Taylor，1994）。本书用外商直接投资占地区生产总值的比重（fdigdp）作为经济开放度的代理变量，考察经济开放度对城镇温室气体排放的影响。

（8）基础设施。基础设施水平对城镇碳排放有着重要的影响。一方面，基础设施的完善可以改善交通条件，降低城市能源消耗和交通碳排放；另一方面，基础设施过度投资也会带来空间资源的消费。采用每万人拥有的公共汽车数量（bus）、人均拥有道路面积（pave）来衡量基础设施水平。城市公共交通系统发达，每万人拥有的公共汽车数量多，意味着减少私家车出行，实现节能减排。人均拥有道路面积越多，表明城市公路交通越发达，郊区化水平可能越高。将过多的土地用于道路交通，可能导致城市"摊大饼"式的郊区化蔓延，带来过多的交通碳排放和乡村工业化。

4.2　数据来源及描述性统计

本书采用 108 个地级市的样本数据。用于估算城市层面碳排放量的能源消费数据来源于历年《中国环境年鉴》和中经网统计数据库。居住密度、年末总人口、地区生产总值、人均国内生产总值、第二产业占地区生产总值的比重、实际利用外资占地区生产总值的比重、每万人拥有的公共汽车数量、人均拥有道路面积等原始数据来源于中经网统计数据库、《中国城市建设统计年鉴》《中国城市统计年鉴》。其中实际利用外资用当年汇率换算为人民币，地区生产总值、人均地区生产总值换算为实际值（上年 = 100）。样本区间为 2003 ~ 2015 年。变量的描述性统计见表 4 – 1。

表 4 – 1　　　　　　　　　　　　变量统计描述

变量	定义	单位	均值	最大值	最小值	标准差
CO_2	碳排放	万吨	3105.402	24157.74	5.53	2631.992
iden	居住密度	万人/平方千米	4.48	78.627	0.5667	3.22
pop	年末人口数	万人	224.15	2129.09	29.74	245.49
gdp	地区生产总值（实际值）	万元	12474730	191753462.08	287524	19119350
PGDP	人均国内生产总值（实际值）	元	51134.71	299748.4	5556	33754.12
T	碳强度（单位 GDP 碳排放）	万吨/万元	0.000762	0.01115	0.0000637	0.001
manu	制造业占 GDP 的比重	%	51.46	90.97	17.07	11.86
fdigdp	外商直接投资占地区生产总值的比重	%	3.323	37.58	0.01	3.25

续表

变量	定义	单位	均值	最大值	最小值	标准差
bus	单位市辖区人口拥有公共汽车数	辆/万人	10.15	115	0.91	9.3
pave	人均拥有道路面积	平方米	11.79	64	0.31	6.53

资料来源：《中国环境年鉴》、中经网统计数据库、《中国城市建设统计年鉴》《中国城市统计年鉴》。

4.3　计量结果分析

从表4-2来看，在模型（1）~模型（7）中，不论回归模型是否包含控制变量，居住密度的回归系数都在1%的显著性水平上为负，约为 -0.386 ~ -0.179；即居住密度提高10%时，城镇碳排放下降1.79% ~ 3.86%。因此，如果城市空间形态趋于分散，城市的居住密度下降，会导致二氧化碳排放增加。这表明居住密度的提高能够降低城镇温室气体排放，紧凑型的城市是低碳的。从模型（2）~模型（7）可以看出，城镇人口规模的回归系数显著为正，碳排放增长的人口规模弹性约为1.037 ~ 1.149，说明人口规模增长1%，城镇碳排放上升1.04% ~ 1.15%。这是由城镇化进程中高耗能的增长特征带来的，这与之前学者的研究结论是一致的。在模型（3）~模型（7）中，衡量城市发展水平的人均GDP的系数均显著为正，这意味着随着富裕程度的提升，城镇碳排放递增。说明我国尚未到达环境库兹涅茨曲线的拐点，城市发展水平处于曲线的左侧。随着控制变量加入数量的增加，人均GDP的系数递减。在模型（3）~模型（7）中，碳强度的系数显著为正，这与理论预期是一致的。技术水平越先进，碳强度越低；能源利用效率降低，也引起碳强度上升。在模型（4）~模型（7）中，反映结构效应的变量即第二产业占地区生产总值的比重（manu）显著为负，但值很小。这说明我国调结构的政策已见成效，城市制造业正在从高污染、高能耗、高排放的增长特征向资源节约型、环境友好型的发展模式转型。在模型（5）~模型（7）中，外商直接投资占GDP比重的系数显著为负，这说明我国引进的FDI不存在"污染天堂"假说，中国作为东道国，没有变成FDI的"污染天堂"，相反，随着外资投资比重的上升，能够有效地减少城镇碳排放。这是我国引资政策调整带来的结果，自从2000年之后，我国加强了对引进外资投资质量的监管，着力引进外资进入知识技术密集型和环境友好型的清洁行业，从而减少了污染排放。在模型（6）和模型（7）中，衡量基础设施水平的变量——单位市辖区人口拥有公共汽车数（Lnbus）的系数显著为负，人均拥有道路面积（Lnpave）的系数均显著为正。人均铺装道路面积越多，表明城市公路交通越发达，郊区化水平可能越高。将过多的土地用于道路交通，可能导致城市"摊大饼"式地郊区化蔓延，带来过多的交通碳排放和乡村工业化。单位市辖区人口拥有公共汽车数（Lnbus）越多，表明公共交通越发达，替代与减少了私人轿车出行，从而减少了石油消费达到碳减排，这个结果与公共交通能够减少私家车出行从而减少交通碳排放的理论假设相符。

表 4 – 2　　　　　　　　　　　　　总样本回归结果

解释变量	模型（1）	模型（2）	模型（3）	模型（4）	模型（5）	模型（6）	模型（7）
LNiden	-0.386*** (-13.82)	-0.325*** (-12.25)	-0.299*** (-12.45)	-0.298*** (-14.52)	-0.289*** (-12.75)	-0.244*** (-10.87)	-0.179*** (-7.14)
LNpop	—	1.05*** (17.21)	1.141*** (19.09)	1.115*** (15.85)	1.042*** (13.84)	1.149*** (21.31)	1.037*** (19.54)
LNpgdp	—	—	0.651*** (17.48)	0.698*** (17.55)	0.681*** (19.31)	0.578*** (15.00)	0.479*** (11.19)
LNT（碳强度）	—	—	0.445*** (17.75)	0.472*** (14.32)	0.465*** (15.61)	0.543*** (17.94)	0.596*** (20.62)
manu	—	—	—	-0.0091** (-6.87)	-0.0068*** (-4.75)	-0.006*** (-4.81)	-0.0041*** (-4.96)
fdigdp	—	—	—	—	-1.523*** (-4.65)	-1.035*** (-5.25)	-1.381*** (-4.97)
LNbus	—	—	—	—	—	-0.347*** (-15.77)	—
LNpave	—	—	—	—	—	—	0.501*** (11.54)
常数项	8.52*** (200.33)	2.991*** (7.28)	0.61** (2.00)	1.12*** (4.24)	1.63*** (4.70)	1.293*** (3.94)	2.332*** (6.44)
R^2	0.920	0.937	0.956	0.958	0.960	0.966	0.972
F	100.44 (0.00)	157.63 (0.00)	200.18 (0.00)	202.88 (0.00)	231.91 (0.00)	250.67 (0.00)	293.56 (0.00)

解释变量	模型（1）	模型（2）	模型（3）	模型（4）	模型（5）	模型（6）	模型（7）
Hausman 检验	0.311 (0.57)	7.91 (0.02)	196.14 (0.00)	220.46 (0.00)	210.89 (0.00)	241.23 (0.00)	215.77 (0.00)
模型	随机效应	固定效应	固定效应	固定效应	固定效应	固定效应	固定效应
城市数	108	108	107	107	105	105	104

注：*** 代表 1% 的显著性水平，系数值括号里为 T 值，被解释变量均为 $LNCO_2$。
资料来源：《中国环境年鉴》、中经网统计数据库、《中国城市建设统计年鉴》《中国城市统计年鉴》。

表 4-3、表 4-4、表 4-5 分别列出了东部城市、中部城市、西部城市样本的回归结果。从实证结果我们发现，无论是东部城市、中部城市还是西部城市，在所有包含或者没有包含控制变量的回归模型中，居住密度的回归系数显著为负，这表明居住密度的提高能够显著降低城市的温室气体排放，紧凑型的城市空间形态是低碳的。同样，在所有的样本与模型中，城镇人口规模的回归系数显著为正，说明人口规模的增长推动了城市的碳排放上升。在西部城市和中部城市样本的 7 个模型中，碳排放的人口规模弹性均大于 1；而在东部城市样本的 7 个模型中，人口规模弹性均小于 1；这说明相比东部城市，中西部城市人口规模扩张带来的碳排放增加更多。

表 4-3　　　　　　　　　东部城市样本回归结果

解释变量	模型（1）	模型（2）	模型（3）	模型（4）	模型（5）	模型（6）	模型（7）
LNniden	-0.512 *** (-15.57)	-0.421 *** (-10.12)	-0.363 *** (-12.76)	-0.378 *** (-9.92)	-0.321 *** (-10.87)	-0.255 *** (-8.47)	-0.217 *** (-5.54)
LNpop	—	0.838 *** (10.63)	0.866 *** (10.34)	0.754 *** (8.64)	0.707 *** (6.87)	0.850 *** (13.15)	0.769 *** (11.08)
LNpgdp	—	—	0.518 *** (5.07)	0.557 *** (11.26)	0.510 *** (9.26)	0.437 *** (9.24)	0.364 *** (8.07)
LNT （碳强度）	—	—	0.207 *** (5.39)	0.291 *** (9.51)	0.290 *** (7.75)	0.379 *** (10.76)	0.460 *** (12.04)
manu	—	—	—	-0.0132 *** (-4.53)	-0.011 *** (-5.52)	-0.0097 *** (-8.66)	-0.0088 *** (-9.28)
fdigdp	—	—	—	—	-1.981 *** (-6.82)	-1.176 *** (-5.66)	-1.650 *** (-9.71)

续表

解释变量	模型（1）	模型（2）	模型（3）	模型（4）	模型（5）	模型（6）	模型（7）
LNbus	—	—	—	—	—	-0. 311 *** （-11. 93）	—
LNpave	—	—	—	—	—	—	0. 466 *** （18. 44）
常数项	8. 561 *** （19. 12）	3. 712 *** （12. 38）	2. 961 *** （5. 77）	2. 771 *** （5. 82）	3. 005 *** （8. 78）	3. 921 *** （7. 27）	4. 099 *** （9. 47）
R^2	0. 25	0. 41	0. 957	0. 960	0. 963	0. 968	0. 973
F	170. 33 （0. 00）	181. 01 （0. 00）	188. 65 （0. 00）	200. 08 （0. 00）	205. 11 （0. 00）	290. 55 （0. 00）	298. 17 （0. 00）
Hausman	0. 179 （0. 673）	0. 188 （0. 910）	138. 91 （0. 00）	165. 96 （0. 00）	161. 73 （0. 00）	163. 04 （0. 00）	121. 36 （0. 00）
模型	随机效应	随机效应	固定效应	固定效应	固定效应	固定效应	固定效应
城市数	52	52	51	51	51	51	50

注：*** 代表 1% 的显著性水平，系数值括号里为 T 值，被解释变量均为 $LNCO_2$。
资料来源：《中国环境年鉴》、中经网统计数据库、《中国城市建设统计年鉴》《中国城市统计年鉴》。

表 4 - 4　　　　　　　　　　中部城市样本回归结果

解释变量	模型（1）	模型（2）	模型（3）	模型（4）	模型（5）	模型（6）	模型（7）
LNiden	-0. 263 *** （-6. 44）	-0. 263 *** （-9. 07）	-0. 258 *** （-9. 86）	-0. 291 *** （-6. 28）	-0. 281 *** （-8. 29）	-0. 248 *** （-8. 81）	-0. 109 *** （-5. 62）
LNpop	—	1. 035 *** （10. 25）	1. 210 *** （10. 74）	1. 225 *** （10. 63）	1. 212 *** （13. 07）	1. 283 *** （11. 67）	1. 188 *** （11. 35）
LNpgdp	—	—	0. 631 *** （10. 46）	0. 968 *** （9. 24）	0. 667 *** （9. 12）	0. 653 *** （8. 43）	0. 411 *** （5. 02）
LNT （碳强度）	—	—	0. 485 *** （8. 25）	0. 516 *** （8. 78）	0. 533 *** （10. 17）	0. 608 *** （11. 14）	0. 609 *** （11. 33）
manu	—	—	—	-0. 0092 *** （-5. 66）	-0. 0094 *** （-5. 48）	-0. 013 *** （-4. 18）	-0. 0038 ** （-2. 19）
fdigdp	—	—	—	—	-1. 151 *** （-3. 11）	-1. 718 *** （-4. 26）	-0. 915 ** （-2. 11）

续表

解释变量	模型（1）	模型（2）	模型（3）	模型（4）	模型（5）	模型（6）	模型（7）
LNbus	—	—	—	—	—	-0.31 *** (7.85)	—
LNpave	—	—	—	—	—	—	0.575 *** (10.25)
常数项	8.129 *** (20.08)	3.035 *** (6.74)	0.905 (1.052)	1.016 * (1.80)	1.377 ** (2.13)	1.118 ** (2.05)	2.23 *** (5.55)
R^2	0.09	0.296	0.96	0.961	0.961	0.967	0.977
F	33.92 (0.00)	69.85 (0.00)	200.28 (0.00)	209.13 (0.00)	200.35 (0.00)	231.87 (0.00)	311.56 (0.00)
Hausman 检验	0.028 (0.866)	4.014 (0.134)	89.67 (0.00)	90.62 (0.00)	77.44 (0.00)	103.95 (0.00)	108.08 (0.00)
模型	随机效应	随机效应	固定效应	固定效应	固定效应	固定效应	固定效应
城市数	30	30	30	30	30	30	30

注：***、**、* 分别代表 1%、5%、10% 的显著性水平，系数值括号里为 T 值，被解释变量均为 $LNCO_2$。

资料来源：《中国环境年鉴》、中经网统计数据库、《中国城市建设统计年鉴》《中国城市统计年鉴》。

表 4 – 5　　　　　　　　　西部城市样本回归结果

解释变量	模型（1）	模型（2）	模型（3）	模型（4）	模型（5）	模型（6）	模型（7）
LNiden	-0.323 *** (-5.88)	-0.275 *** (-6.26)	-0.221 *** (-6.91)	-0.219 *** (-6.85)	-0.225 *** (-6.78)	-0.183 *** (-5.43)	-0.183 *** (-5.61)
LNpop	—	1.361 *** (8.99)	1.513 *** (15.62)	1.547 *** (15.22)	1.382 *** (13.43)	1.511 *** (16.11)	1.278 *** (13.77)
LNpgdp	—	—	0.806 *** (14.22)	0.872 *** (15.01)	0.905 *** (13.99)	0.681 *** (996)	0.779 *** (11.66)
LNT （碳强度）	—	—	0.635 *** (15.57)	0.643 *** (14.88)	0.611 *** (13.82)	0.678 *** (15.26)	0.706 *** (15.46)
manu	—	—	—	-0.0056 ** (-2.38)	0.0012 (0.56)	0.0018 (0.76)	-0.0011 (-0.457)
fdigdp	—	—	—	—	-2.166 (-1.52)	-1.511 (-1.12)	-2.325 * (-1.88)

续表

解释变量	模型 (1)	模型 (2)	模型 (3)	模型 (4)	模型 (5)	模型 (6)	模型 (7)
LNbus	—	—	—	—	—	-0.441 *** (7.21)	—
LNpave	—	—	—	—	—	—	0.358 *** (6.08)
常数项	8.006 *** (44.67)	1.457 * (1.88)	-1.141 * (-1.80)	-1.166 * (-1.88)	-1.414 ** (-2.19)	-0.88 (-1.46)	0.244 (0.704)
R^2	0.103	0.90	0.956	0.957	0.963	0.97	0.969
F	33.55 (0.00)	85.45 (0.00)	188.12 (0.00)	186.29 (0.00)	187.53 (0.00)	220.77 (0.00)	216.66 (0.00)
Hausman 检验	0.988 (0.32)	11.27 (0.00)	48.663 (0.00)	58.24 (0.00)	35.88 (0.00)	70.47 (0.00)	25.87 (0.00)
模型	随机效应	固定效应	固定效应	固定效应	固定效应	固定效应	固定效应
城市数	26	26	26	26	24	24	24

注：*** 、** 、* 分别代表1%、5%、10%的显著性水平，系数值括号里为 T 值，被解释变量均为 $LNCO_2$。

资料来源：《中国环境年鉴》、中经网统计数据库、《中国城市建设统计年鉴》《中国城市统计年鉴》。

从表4-3、表4-4和表4-5中还可以看出，与总样本回归结果类似，在东部、中部、西部样本城市的相应模型中，人均 GDP 变量的回归系数均显著为正；说明随着富裕水平的上升，各城市的碳排放也增加。同样，三个样本城市碳强度的回归弹性也显著为正，这与之前的理论预期一致。类似地，在东部、中部和西部城市样本中，开放程度的回归系数为负且小于 -1，进一步证实了我国没有变成 FDI 的"污染天堂"，相反，绿色外资的引进显著地减少了我国城市的碳排放。东部、中部、西部样本城市的基础设施（Lnbus and Lnpave）变量中，单位市辖区人口拥有公共汽车数的系数显著为负，而人均拥有道路面积的回归系数显著为正，与总样本的回归结果相似。

结构变量（manu）在三个样本城市呈现出不同的特征。在东部与中部城市样本中，结构变量的回归系数显著为负但值很小，表明东部与中部城市制造业已由高碳的增长方式向低碳的发展模式转变，且经济转型效果已经显现；而在西部城市，结构变量的回归系数有时为正，有时为负，且不显著，说明西部城市制造业的绿色低碳的发展方式尚未实现，或尚未显示效果。

4.4　小结与政策启示

推动形成绿色低碳的城市建设运营模式，树立"紧凑城市"理念，是中央城市工作会议的重心，也是应对气候变化的必然途径。我国城镇化过程中城市空间规模过度扩张，易造成城市人口分布密度低，带来城市空间资源的浪费，从而降低了城市资源利用效率，能源耗费则随着资源利用效率的降低而升高，引起城镇二氧化碳排放增加。紧凑的城市空间形态将减少城镇碳排放，实现低碳城市的发展路径。

本章采用 108 个地级及地级以上城市的 2003～2015 年的城市样本数据，用居住密度度量城镇空间形态，对居住密度等变量影响碳排放的演进进行了实证研究，并有以下发现。第一，居住密度是影响碳排放的重要因素，在总样本和东部、中部、西部城市样本中，居住密度的提高均显著地减少了二氧化碳排放。居住密度提高意味着城镇人口分布紧凑化。城镇人口分布紧凑化，不仅能够实现人口聚集带来的外部性收益，而且通过资源的集约利用，提高能源利用效率，最终实现碳减排。第二，在城镇化背景下，城镇人口规模的急剧扩张深刻地影响了碳排放。在城镇化过程中，人口大规模地由农村迁入城市，能源需求和人均能源消费快速上升，导致碳排放加速增长。第三，我国城市发展水平尚未到达环境库兹涅茨曲线的倒"U"型拐点。环境库兹涅茨曲线假说认为，环境污染随着经济增长而增长，当经济发展到一定水平后达到拐点，随后污染排放随着发展水平的提升逐渐下降。本书的研究发现，无论是东部城市、中部城市，还是西部城市，人均 GDP 的上升均显著地增加了城镇碳排放，说明我国城市的发展水平都处于环境库兹涅茨曲线的左侧，尚未到达拐点。第四，在全球一体化和更加开放的国际环境中，我国城市没有变成外商直接投资的"污染天堂"。"污染天堂"假说认为由于不发达国家的环境管制程度弱于发达国家，污染密集型行业必然向发展中国家转移，从而将发展中国家变成"污染天堂"。本书的实证研究结果发现，我国城市不但没有变成 FDI"污染天堂"，相反在东部、中部和西部城市，外资引入的增加显著地减少了碳排放。这是因为，近年来我国加强了环境规制、提高了引资标准；主要引进清洁和低碳的外资，实现了 FDI 的技术效应，带来了 FDI 的碳减排效应。

此外，本书研究发现，我国绿色低碳转型的政策效果逐渐实现，环境红利开始显现。早在 1982 年，我国有关文件就提出了经济转型；"九五"计划里又提出要实现从粗放的经济增长到集约的经济增长的转变；2012年，"绿色发展"正式被写进党的十八大报告。在增长的迷雾中探索了三十余年，低碳转型的效果开始显现。在东部城市和中部城市，制造业比重的提高与碳排放显著负相关，但值很小；表明在我国的中东部城市，调结构的环境红利已渐露端倪，高碳的增长方式已逐渐转型为绿色低碳的发展模式。但是这种环境红利在西部城市并没有显著发生，表明西部城市制造业向绿色低碳的发展方式转型尚未实现。这与实际的经济发展现状相符。一方面，我国存在明显的区域发展不平衡问题。相比东部城市，西部城市在人才、资本、企业家才能、创新意识等方面都处于比较劣势，城市发展水平较低。对于很多西部城市来讲，首要解决的是发展问题，因此可能仍然承袭了高污染、高能耗、高排放增长方式，低碳转型没能实现。另一方面，随着环境标准的提高和劳动力成本的上升，一些资源密集型和污染密集型的产业由东部城市迁移到西部城市，也加重了西部城市高碳的产业结构。此外，在我国基础设施投资持续高增长的背景下，城市公共交通资源的增长能够替代部分私家车出行，从而减少石油消耗，实现碳减排。

　　因此，中国提出的建立"紧凑城市"，实现低碳发展的理念具有可行性和必要性。提高城镇居住密度、建立紧凑型城市对于降低碳排放至关重要。居住密度的提高能够发挥人口集聚效应，减少通勤时间和缩短通勤距离，从而显著减少城镇碳排放。我国城市富裕阶层住房需求偏向于大户型，住房分配不平衡导致我国居住密度过低，居住密度低带来城镇空间形态分布不合理，导致碳排放上升。因此，倡导资源节约型和环境友好型的居住消费方式，合理配置住房，能够提高城镇居住密度，建立紧凑型的城市。此外，地方政府在基础设施投资持续增长的同时，也应想方设法提高利用效率，从而替代和减少私家车出行，降低交通碳排放。

第5章 城镇人口规模、产业集聚与
碳排放关系的研究

由本书第4章的研究结果可知，城镇化、城镇人口规模的扩张推动二氧化碳上升。本章研究城镇人口规模扩张和碳排放上升过程中产业集聚所发挥的作用，探讨低碳约束下的最佳人口规模并找到不同城镇人口规模对碳排放的影响机制。第一节介绍了城镇化与产业集聚的互动研究，第二节对城镇化、产业集聚与碳排放的关系进行述评，第三节就城镇人口规模、产业集聚和碳排放进行实证研究，第四节是结论。

5.1 城镇化、产业集聚与碳排放的关系研究

随着城镇化进程的深入，中国产业集聚水平不断提高。城市规模越大，越容易通过产业集聚共享基础设施、中间投入品、劳动力市场等方式提高生产效率，规模越大的城市越容易实现知识扩散与技术溢出。城市人口规模与产业集聚正相关，城市规模越大越容易发挥产业集聚优势。产业集聚推动城镇人口规模扩张的过程，对环境和能源利用带来两方面的效应。一方面是能源消耗上升效应，人口城镇化和工业化进程，导致更多的能源消耗和二氧化碳排放。另一方面是能源利用效率的提高效应。产业集聚通过共享基础设施，降低了能源基础设施的重复建设，从而提高基础设施利用效率；产业集聚通过共享中间投入品，有助于中间投入品企业实现规模经济，从而提高能源利用效率、降低能源消耗；产业集聚通过劳动力共享，有助于培养专业人才和创新人才，从而提高能源利用效率、降低碳排放；产业集聚通过技术溢出，有利于知识技术的传播、扩散、模仿与再创新，提高能源利用效率，降低碳排放。基于此，国内外学者考察了产业集聚对能源消费或碳排放的影响。

一部分学者认为产业集聚污染了环境。维尔坎恩（Virkanen，1998）的研

究认为芬兰南部的工业集聚给当地水环境及大气环境造成了重金属污染。范格特（Fanket et al.，2001）对欧盟城市的研究表明，产业集聚恶化了样本城市的空气质量。费尔霍夫（Verhoef，2008）发现产业集聚对环境质量具有负面影响，导致环境污染加重。侯凤岐（2008）和李伟娜（2010）对中国的研究发现，产业集聚在促进经济增长的同时，也带来了环境问题。

绝大多数研究结论支持了产业集聚的外部性，肯定了其对于提高能源效率或促进碳减排的积极作用。波特（Porter，1998）和霍索（Hosoe，2006）认为产业集聚对环境具有正面影响，原因在于产业集聚有利于环保技术的进步和扩散，从而降低环境污染。藤田和西斯尔（Fujita and Thisse，2002）的研究发现，产业的空间集聚促进了技术溢出，从而推动生产效率的提高和能源效率的改善。苏（Su，2011）的城市样本分析发现，以人口密度衡量的空间集聚能够提高城市能源利用效率。秋广（Akihiro et al.，2014）对日本制造业进行实证研究发现，产业集聚推动了生产率增长，改善了能源效率。乜敏和赵洪海（2013）指出，在长短期内制造业产业集聚程度的提高均促进了碳排放强度的降低，格兰杰因果检验也证实了制造业产业集聚促进了低碳发展。林善浪等（2013）对省域的面板数据进行空间计量分析，发现制造业的集聚不经济阻碍了中国碳生产率的增长。陈媛媛（2011）利用工业面板数据进行研究，证实了产业集聚有利于工业部门的清洁生产和末端治理水平。一些研究证实了产业集聚的外部性有效提高了工业和高技术产业的能源效率（王海宁、陈媛媛，2010；李思慧，2011）。张翼和卢现祥（2015）对三大产业的实证分析结果显示，产业集聚对地区碳排放的增长效应大于减排效应，总效应为正，但技术交易与产业集聚的交叉项促进了碳减排；在技术交易市场的协助下，三大产业集聚均能促使发达地区的碳减排，但对欠发达地区的影响在统计上均不显著。沈能等（2013）对中国的实证研究发现，产业集聚有利于提升东部地区的碳生产率，但对中西部的检验不显著。

城镇化对能源消耗的影响效应分成两个方面。一方面是能源消费增加效应，人口从农村迁入城市，城镇化推动了工业化和经济增长，带来了城市能源消费需求快速上升和二氧化碳排放增加；另一方面是能源效率提高效应，通过人口集聚和产业集聚，城镇化能够实现能源集约利用，从而提高能效、降低碳排放。那么，对于不同人口规模的城市，能源消费增长效应与能源效率提高效应共同作用下影响城镇碳排放的净效应是否具有异质性？更为重要地，产业集聚在其中的作用如何？回答这些问题对我国城镇化阶段实现低碳发展至关重要。本章下一节尝试利用108个城市的面板数据展开实证研究来给出答案。

5.2　城镇人口规模、产业集聚和碳排放的实证分析

本节的研究旨在回答以下问题：产业集聚在城镇人口规模与碳排放上升过程中的作用机理是怎样的；产业集聚如何影响了碳排放；在低碳的约束条件下，多大的城市规模是可持续的？

5.2.1　模型

为了检验产业集聚对碳排放的影响，探讨产业集聚在人口规模与碳排放上升过程中的作用机理，建立计量模型，见式（5－1）。

$$LN(CO_2)_{it} = \beta_0 + \beta_1 LN(POP)_{it} + \beta_2 agglo_{it} + \beta X_{it} + \gamma_t + \eta_i + \varepsilon_{it}$$

$$(5-1)$$

式（5－1）中，CO_2 表示碳排放，在模型中取自然对数后作为被解释变量；POP 表示地级城市的人口规模，取自然对数作为解释变量；下标 i 表示城市，t 表示年份；$agglo_{it}$ 表示产业集聚；γ_t 表示时间固定效应，η_i 指地级市的个体效应，ε_{it} 是残差项；X_{it} 为其他控制变量，包括人均地区生产总值、外商直接投资水平、城市第三产业发展水平等。

进一步地，为了探讨产业集聚对不同人口规模城市碳排放影响的异质性，以发现低碳约束下最优的人口规模，在式（5－1）的基础上建立式（5－2）。

$$LN(CO_2)_{it} = \beta_0 + \beta_1 LN(POP)_{it} + \beta_2 agglo_{it} + \beta_3 D_1 \times agglo_{it}$$
$$+ \beta_4 D_2 \times agglo_{it} + \beta X_{it} + \gamma_t + \eta_i + \varepsilon_{it} \qquad (5-2)$$

式（5－2）中，D_1 和 D_2 是虚拟变量，表示城市人口规模的分类。通过引入虚拟变量与产业集聚的交叉项，估计不同人口规模等级的城市通过产业集聚引起碳排放变化的非线性影响。在式（5－2）中，系数 β_2、β_3 和 β_4 是研究关注的重点，它们度量了产业集聚在不同人口规模城市影响碳排放的作用机理。

5.2.2　数据和变量

（1）被解释变量。被解释变量为 108 个地级市碳排放的自然对数，样本区间为 2003～2015 年，数据来源与计算方法与前面章节一致，具体见表 4－2

与表 5 - 2。

（2）核心解释变量。核心解释变量为各地级市年末人口的自然对数（LN-POP）、产业集聚度（agglo）以及人口规模与产业集聚的竞争交叉项（$D_1 \times$ agglo 和 $D_2 \times$ agglo）。

度量产业集聚的常用指标有区位商、空间基尼系数、行业集中度、空间集聚指数等。区位商是衡量地区专业化水平的指标，计算公式为 $Q = X_{ij}/Y_j$，其中，X_{ij} 代表 j 地区 i 产业的就业人数占 i 产业全国就业人数的比，Y_j 代表 j 地区就业人数占全国就业的比例。区位商的优点是计算简单且直观，缺点是该指标可能失效（金荣学、卢忠宝，2010）。行业集中度是指某一产业中规模最大的几个大企业的增加值或其他指标占整个行业的份额，由于数据采集上的问题，行业集中度很少用于研究区域产业集聚。空间基尼系数由克鲁格曼（1991）提出，公式为 $G = \sum (S_i - Y_i)^2$，S_i 是 i 地区某产业就业人数占全国该产业就业人数的比，Y_i 是该地区就业人数占全国总就业人数的比。G 的值在 0 和 1 之间，越接近于 1 代表第二产业的集聚程度越高，越接近于 0 表明集聚程度越低。空间基尼系数的缺点是无法明确集聚的主要指向。空间集聚指数是在空间基尼系数在指标上的扩展，由于数据采集的问题及直观意义不强，也不被经常采用。

鉴于以上产业集聚指标的缺陷，考虑到数据的可获得性，用就业密度来度量产业集聚。就业密度是指某地区总就业人数与该地区土地面积之比。就业密度在现有产业集聚研究中得到广泛的应用（张翼、卢现祥，2015；陈立泰、张祖妞 2010；刘修岩，2009；Brulhart and Mathys，2008；范剑勇，2006；Ciccone，2002；Ciccone and Hall，1996）。就业密度是式（5 - 1）主要的解释变量，本章计算就业密度的数据来源于中经网统计数据库。

D 是虚拟变量，表示城市人口规模的分类。按照《关于调整城市规模划分标准的通知》，城区常住人口 50 万人以下的城市为小城市，人口在 50 万人以上 100 万人以下的城市为中等城市，100 万人以上 500 万人以下的城市为大城市，500 万人以上 1000 万人以下为特大城市，1000 万人以上的城市为超大城市。在本书 108 个地级及地级以上城市样本中，市辖区人口在 1000 万人以上的只有北京、上海和重庆三个城市，市辖区人口在 50 万人以下的只有张家界、延安、克拉玛依、石嘴山四个城市，自由度太小。因此本书将城市人口规模分为 3 个档次：城区常住人口 100 万人以下的中等城市、100 万人以上 500 万人以下的大城市和城区常住人口 500 万人以上的特大和超大城市。引入 2 个虚拟变量，D_1 和 D_2，当人口介于 100 万人和 500 万人之间时，$D_1 = 1$；当人口小于

100 万人或大于 500 万人时，$D_1 = 0$；当人口大于 500 万人时，$D_2 = 1$；当人口小于 500 万人时，$D_2 = 0$。通过引入虚拟变量与产业集聚的交叉项（$D_1 \times$ agglo and $D_2 \times$ agglo），估计不同人口等级的城市通过产业集聚引起碳排放变化的非线性影响。

（3）控制变量。为了控制其他因素的影响，本章选取了一系列控制变量。根据环境库兹涅茨曲线，经济增长对环境影响是毋庸置疑的，因此按照以往文献的做法，本章用人均地区生产总值（PGDP）衡量地区经济发展水平，将人均地区生产总值换算为以 2003 年为基期的各年实际人均地区生产总值；并加入人均地区生产总值的平方项和人均地区生产总值的立方项，以确定环境库兹涅茨曲线的形状。为了检验"污染天堂"假说，研究通过计算外商直接投资/地区生产总值（fdigdp）来捕捉外商直接投资对温室气体排放的影响。其中，地区实际利用外资的原始数据为美元单位，通过中间汇率换算为人民币。产业结构对环境起着深刻和长远的作用，研究用第三产业占地区生产总值的比（Tertiary）来估计产业结构变化的影响。

数据样本为中国 108 个地级市 2003～2015 年的面板数据。数据来源于历年《中国城市统计年鉴》《中国环境年鉴》和中经网统计数据库。

5.2.3　实证结果

表 5－1 报告了式（5－1）的估计结果，以碳排放自然对数为被解释变量。模型（1）、模型（2）、模型（3）是固定效应估计结果。表 5－2 的结果显示，产业集聚的系数在 1% 的显著性水平上为负，就业密度上升 1%，二氧化碳减少 1.533%～1.919%。

表 5－1　　　　　　　　　　式（5－1）的估计结果

Explained variable LN（CO_2）	模型（1）FE	模型（2）FE	模型（3）FE
agglo	−1.919*** (0.253)	−1.533*** (0.231)	−1.715*** (0.255)
LN(POP)	0.717*** (0.212)	0.345** (0.166)	0.362** (0.169)
Per GDP	1.01E−06 (1.23E−06)	2.15E−05*** (2.24E−06)	1.10E−05*** (4.19E−06)

续表

Explained variable LN (CO_2)	模型（1）FE	模型（2）FE	模型（3）FE
Tertiary	−0.012*** (0.004)	−0.0127*** (0.004)	−0.014*** (0.004)
FDI	0.673 (0.85)	1.33* (0.746)	1.381* (0.733)
Per GDP^2		−1.30E−10*** (1.21E−11)	−3.39E−12 (4.47E−11)
Per GDP^3			−3.77E−16*** (1.28E−16)
Constant term	4.856*** (0.311)	6.113*** (0.835)	6.175*** (0.799)
R^2	0.833	0.857	0.843

注：括号中为标准差，***、**、*分别表示在1%、5%、10%的显著性水平上显著。
资料来源：《中国城市统计年鉴》《中国环境年鉴》、中经网统计数据库。

　　表5-2报告了式（5-2）的估计结果，以碳排放的自然对数为被解释变量，并作为分析的基准。模型（4）、模型（5）、模型（6）是固定效应（FE）估计的结果。模型（4）的结果显示，agglo的系数显著为负，表明以就业密度度量的产业集聚对于地区碳排放有减排的影响，城市就业密度增加1%，中等城市碳排放减少1.468%。交叉项的系数为0.164，意味着城市就业密度增加1%，人口规模100万~500万人的大城市碳排放减少1.304%（=−1.468%+0.164%）。而人口高于500万人的特大和超大城市的碳排放减少0.787%（=−1.468%+0.681%）。可见，不同人口等级的城市通过产业集聚引起的碳排放减少是不同的。随着人口规模的递增，产业集聚带来的碳减排效果递减。模型（5）和模型（6）在模型（4）的基础上，分别加入人均实际GDP的平方项和人均实际GDP的立方项作为控制变量，以检验环境库兹涅茨曲线效应。模型（5）中，agglo的系数为负并且通过了显著性检验，城市就业密度增加1%，中等城市地区碳排放减少1.355%；特大和超大城市的碳排放显著减少0.584%；人口规模100万~500万人的大城市碳排放减少1.251%，但没通过显著性检验。结果显示，产业集聚在不同人口等级的城市引起的碳排放下降程度也是不同的。在中等城市和人口规模500万人以下的大城市里，产业集聚引起的碳排放下降更多，更适合中国的低碳城镇化

进程。模型（6）的估计结果显示，人均实际 GDP 平方项和立方项没有通过显著性检验。其他解释变量中，人口规模变量的系数显著为正，城市人口意义上的城镇化水平提高 1%，城市碳排放增加 0.123% ~ 0.236%；结构变量 Tertiary 在三个模型中系数均显著为负但值很小，表明第三产业 GDP 占比的提升能够减少碳排放，但作用微弱；开放程度变量 FDI 的系数显著为负，实际利用外资占地区生产总值的比例每提高 1%，城市碳排放减少 0.53% ~ 0.912%；人均GDP 对城市碳排放的影响是二次函数关系。

表 5 - 2　　　　　　　　　　　　式（5 - 2）的估计结果

被解释变量 LN（CO_2）	模型（4） FE	模型（5） FE	模型（6） FE
agglo	- 1.468 *** (0.133)	- 1.355 *** (0.122)	- 1.292 *** (0.131)
D_1 × agglo	0.164 * (0.088)	0.104 (0.075)	0.083 (0.065)
D_2 × agglo	0.681 *** (0.248)	0.771 *** (0.142)	0.706 *** (0.144)
LN（POP）	0.123 ** (0.054)	0.229 *** (0.044)	0.236 *** (0.051)
PerGDP	0.411 *** (0.02)	3.498 *** (0.355)	- 2.07 (5.83)
Tertiary	- 0.01 *** (0.0015)	- 0.0066 *** (0.0014)	- 0.0065 *** (0.0014)
FDI	- 0.53 * (0.288)	- 0.831 *** (0.256)	- 0.912 *** (0.311)
PerGDP^2	—	- 0.162 *** (0.017)	0.304 (0.488)
PerGDP^3	—	—	- 0.016 (0.02)
常数项	3.39 *** (0.26)	- 13.66 *** (1.771)	5.88 (22.33)
R^2	0.963	0.962	0.967
Hausman 检验	30.33	34.97	35.01
P 值	0.00	0.00	0.00

注：括号中为标准差，*** 、** 、* 分别表示在 1%、5%、10% 的显著性水平上显著。
资料来源：《中国城市统计年鉴》《中国环境年鉴》、中经网统计数据库。

5.2.4　稳健性检验

为了检验产业集聚对碳排放影响的稳健性,在表 5 - 3 中报告了将被解释变量替换为碳强度的自然对数的估计结果。模型 (7)、模型 (8)、模型 (9) 是 FE 模型估计的结果。依据 Hausman 检验,拒绝了 RE 和 FE 的估计系数没有系统性差异的零假设,选择 FE 模型。三个模型的结果均表明,agglo 的系数显著为负,即产业集聚对中等城市碳排放有显著为负的影响:城市就业密度增加 1%,能够引致中等城市碳强度下降 0.373% ~ 0.462%。同样,产业集聚也显著促进了大城市的碳减排,但随着城市人口规模的扩张,带来的碳减排效果递减。城市就业密度增加 1%,引起人口规模 100 万 ~ 500 万人的大城市碳强度下降 0.251% ~ 0.344%。而产业集聚对特大城市和超大城市的地区碳减排的促进作用则较为微弱。综合而言,中等城市和人口 100 万 ~ 500 万人的大城市的碳减排效果要好于特大城市和超大城市。人口规模 LN(POP) 的系数在 1% 的水平上显著为正,城市人口数每增加 1%,地区碳强度上升 0.133% ~ 0.193%,与模型 (4)、模型 (5)、模型 (6) 的估计结果一致。FDI 的系数显著为负,表明实际利用外资占 GDP 比重每上升 1%,能够实现碳强度下降 0.71% ~ 0.882%,也与模型 (4)、模型 (5)、模型 (6) 的估计结果一致。第三产业 GDP 占比 Tertiary 的系数显著为负但值很小,说明第三产业随着集聚程度的提高而实现规模经济,有利于实现碳减排,但作用微弱。人均 GDP 对城市碳排放强度的影响呈 N 型:先上升,后下降,再上升。

表 5 - 3　　　　　　　　　　　产业集聚对碳强度的影响

被解释变量 LN (T)	模型 (7) FE	模型 (8) FE	模型 (9) FE
agglo	- 0.462 *** (0.075)	- 0.373 *** (0.076)	- 0.415 *** (0.088)
$D_1 \times$ agglo	0.141 ** (0.066)	0.122 * (0.065)	0.071 (0.063)
$D_2 \times$ agglo	0.441 *** (0.109)	0.42 *** (0.11)	0.413 *** (0.11)
LN(POP)	0.133 *** (0.035)	0.166 *** (0.029)	0.193 *** (0.048)

续表

被解释变量 LN（T）	模型（7） FE	模型（8） FE	模型（9） FE
PerGDP	− 0.493 *** （0.014）	1.153 *** （0.246）	25.51 *** （3.447）
Tertiary	− 0.0034 *** （0.001）	− 0.0025 *** （0.001）	− 0.0033 ** （0.001）
FDI	− 0.71 *** （0.158）	− 0.882 *** （0.157）	− 0.763 *** （0.249）
PerGDP^2		− 0.078 *** （0.011）	− 2.366 *** （0.312）
PerGDP^3			0.073 *** （0.011）
常数项	− 2.788 *** （0.176）	− 11.656 *** （1.308）	− 93.54 *** （11.32）
R^2	0.981	0.98	0.984
Hausman 检验	44.23	56.73	78.27
P 值	0.00	0.00	0.00

注：括号中为标准差，***、**、*分别表示在 1%、5%、10% 的显著性水平上显著。
资料来源：《中国城市统计年鉴》《中国环境年鉴》、中经网统计数据库。

　　产业集聚对碳排放和碳排放强度产生显著为负的影响，原因在于以下几点。首先，产业集聚节约了成本。产业空间集聚将资本、原材料、劳动等要素集中在某区域内，通过专业化和规模经济降低了企业生产成本。产业集聚促进了密集的专业化供应商网络的产生，降低了关键的设备与服务的价格和可获得性，实现了劳动市场共享，解决了厂商的劳动力短缺问题，进而降低了厂商的成本，也使得碳排放强度有所降低；其次，产业集聚激发了厂商创新，提高了学习能力。因而，产业集聚有利于碳排放强度的下降。

　　产业集聚在中等城市和人口小于 500 万人的大城市的减排效果较好，能够显著地减少其碳排放。随着城市人口规模的扩张，产业集聚引致的碳减排效果是递减的，原因可能在于两方面。一是不同规模城市的产业集聚带来的规模收益不同。规模较大的城市的集聚效应促进了效率的提高和专业化生产，带来了规模经济和收益递增，但随着规模地进一步扩张，反而增加了交易成本，成了规模不经济。二是产业集聚通过提高能源利用效率实现了碳减排，但集聚效应进一步增大时，就业人口规模增加产生的能源消费增长和碳排放上升效应越来越明显，部分抵消了产业集聚引起的能源节约和碳排放下降效应，导致产业集聚的碳减排效果递减。

5.2.5 异质性检验

中国幅员辽阔，区域经济发展不平衡，东部、中部、西部在产业集聚方面也存在较大的差距。因此有必要对中国东、中、西部城市三类地区分别进行异质性检验。本章将包括 108 个城市的总体样本，按地域分为东、中、西部三个城市样本。即东部城市样本 52 个，中部城市样本 30 个和西部城市样本 26 个，分别进行回归分析，回归结果归纳于表 5 - 4、表 5 - 5、表 5 - 6 中。

比较东、中、西部城市的实证结果，可以发现，东部城市产业集聚对地区碳排放的影响显著为负，但随着城市人口规模的扩张，带来的碳减排效果递减。在东部，城市就业密度增加 1%，中等城市的碳排放减少 3% 左右，人口规模 100 万 ~ 500 万人的大城市碳排放减少 2.6% 左右；而产业集聚对特大城市和超大城市的地区碳减排的促进作用则较为微弱。

中部、西部城市产业集聚对碳排放的影响也为负，但在统计上并不显著。可见，相比于中西部城市，产业集聚在东部经济发达城市的减排效果更为确定和显著。在东部、中部、西部，人口规模对碳排放的影响都显著为正，说明人口的城镇化进程确定无疑地在全国范围内加剧了温室气体排放。但东部城市人口规模的系数为 0.108 ~ 0.132，显著小于中西部城市的系数（0.4 左右），说明相比于中西部的人口城镇化，东部的城镇化进程是低碳的。东部城市 FDI 对碳排放的影响显著为负，西部城市 FDI 对碳排放的影响为负但没能通过统计检验，中部城市 FDI 对碳排放的影响为正但不显著。表明东部城市的 FDI 具有显著的减排效果，这可能是因为东部地区实行了更为严格的环境管制，从而引进了更为绿色的外资和更为清洁的技术，带来了碳减排的效果，而中西部地区的 FDI 没能带来显著的碳减排效应。在三个区域，结构变量 Tertiary 的系数均为极小的负值，在东部城市的三个方程中，Tertiary 的系数通过了统计检验，而在中部和西部 Tertiary 的系数不显著。说明服务业比重的提升能微弱地减缓二氧化碳排放，这种微弱的减排效应在东部城市是确定的，而在中西部城市尚不显著。在东部城市，人均 GDP 对城市碳排放的影响是倒 "U" 型的二次函数关系；在中西部城市，人均 GDP 对城市碳排放的影响都是三次函数关系。

表 5 - 4　　　　　　　　　　　　东部城市实证结果

被解释变量 LN(CO$_2$)	模型（1）FE	模型（2）FE	模型（3）FE
agglo	-2.985*** (0.876)	-2.985*** (0.817)	-2.823*** (0.799)
LN(POP)	0.108* (0.061)	0.128** (0.062)	0.132** (0.063)
PerGDP	0.63*** (0.0026)	1.53** (0.449)	14.07* (8.054)
Tertiary	-0.0036** (0.0018)	-0.0033* (0.0018)	-0.0038** (0.0018)
FDI	-1.275*** (0.255)	-1.241*** (0.235)	-1.159*** (0.238)
D$_1$ × agglo	0.287 (0.553)	0.384 (0.551)	0.222** (0.126)
D$_2$ × agglo	2.881*** (0.633)	2.789*** (0.715)	2.796*** (0.661)
PerGDP^2	—	-0.042*** (0.0026)	-1.227 (0.76)
PerGDP^3	—	—	0.037 (0.024)
常数项	1.123*** (0.307)	-3.79 (2.463)	-47.94* (28.41)
R^2	0.977	0.977	0.978
Hausman 检验	51.83	56.16	59.87
P 值	0.00	0.00	0.00

注：括号中为标准差，***、**、*分别表示在1%、5%、10%的显著性水平上显著。
资料来源：《中国城市统计年鉴》《中国环境年鉴》、中经网统计数据库。

表 5 - 5　　　　　　　　　　　　中部城市实证结果

被解释变量 LN(CO$_2$)	模型（1）FE	模型（2）FE	模型（3）FE
agglo	-1.066 (0.717)	-0.424 (0.557)	-0.701 (0.582)
LN(POP)	0.403*** (0.121)	0.417*** (0.133)	0.412*** (0.133)

续表

被解释变量 $LN(CO_2)$	模型 (1) FE	模型 (2) FE	模型 (3) FE
PerGDP	0.453 *** (0.041)	1.451 * (0.732)	25.46 ** (9.223)
Tertiary	-0.0002 (0.003)	-0.000874 (0.003)	-0.0009 (0.003)
FDI	0.253 (0.526)	0.134 (0.561)	0.215 (0.588)
$D_1 \times$ agglo	0.463 (0.347)	0.33 (0.203)	0.142 (0.191)
$D_2 \times$ agglo	1.03 (0.88)	0.543 (0.731)	0.76 (0.626)
$PerGDP^2$	—	-0.047 (0.037)	-2.393 ** (0.952)
$PerGDP^3$	—	—	0.077 ** (0.033)
常数项	1.286 ** (0.523)	-3.82 (2.713)	-88.72 ** (34.66)
R^2	0.495	0.955	0.957
Hausman 检验	27.63	32.535	28.167
P 值	0.24	0.107	0.0013

注：括号中为标准差，***、**、* 分别表示在1%、5%、10%的显著性水平上显著。
资料来源：《中国城市统计年鉴》《中国环境年鉴》、中经网统计数据库。

表 5-6　　　　　　　　　　西部城市实证结果

被解释变量 $LN(CO_2)$	模型 (1) FE	模型 (2) FE	模型 (3) FE
agglo	-0.566 (0.35)	-0.098 (0.537)	-0.048 (0.236)
$LN(POP)$	0.399 *** (0.105)	0.405 *** (0.109)	0.427 *** (0.109)
PerGDP	0.534 *** (0.045)	5.466 *** (0.828)	57.99 *** (8.99)

续表

被解释变量 LN(CO_2)	模型（1）FE	模型（2）FE	模型（3）FE
Tertiary	−0.0035 (0.0036)	0.0005 (0.0036)	−3.20E−05 (0.0035)
FDI	−0.104 (1.77)	−1.419 (1.719)	−1.053 (1.685)
$D_1 \times$ agglo	−1.026 (0.777)	−0.669 (0.57)	−0.632 (0.4)
$D_2 \times$ agglo	−0.614 (0.591)	−0.066 (0.44)	−0.172 (0.50)
PerGDP^2	—	−0.233*** (0.043)	−5.472*** (1.533)
PerGDP^3	—	—	0.173*** (0.05)
常数项	0.577 (0.626)	−25.31*** (5.02)	−211.45*** (43.83)
R^2	0.492	0.535	0.567
Hausman 检验	9.53	7.74	8.73
P 值	0.09	0.257	0.267

注：括号中为标准差，*** 表示在 1% 的显著性水平上显著。
资料来源：《中国城市统计年鉴》《中国环境年鉴》、中经网统计数据库。

5.3　小　　结

我国快速的城镇化进程不可避免地带来了环境污染问题，不同规模的城市面临着不同程度的生态与环境压力。在城镇化阶段，中国必须追寻低碳发展路径，首先要回答的问题是低碳约束下多大的城市规模是最优的。

通过对中国地级市面板数据的经验分析，本章得到了产业集聚能够降低碳排放的经验证据：产业集聚对各种人口规模城市碳排放的影响为负。在保持其他条件不变的情况下，地级市就业密度增加 1%，会导致中等城市碳排放减少约 1.4%，城镇碳强度下降约 0.4%。异质性检验发现，东部城市产业集聚对地区碳排放的影响显著为负，中部、西部城市产业集聚对碳排放的影响也为负，但在统计上并不显著。可见，相比于中西部城市，产业集聚在东部经济发达城市的减排效果更为确定和显著。研究还发现，产业集聚水平随着人口规模的变化而变化，人口向中等城市、500 万人以下的大城市集聚带来的碳排放下降程度明显大于向特大城市和超大城市聚集带来的下降程度。原因可能在于两方面。一是不同规模城市的产业集聚带来的规模收益不同。规模较大的城市的集聚效应促进了效率的提高和专业化生产，带来了规模经济和收益递增，但随着规模地进一步扩张，反而增加了交易成本，成了规模不经济。二是产业集聚通过提高能源利用效率实现了碳减排，但当以就业密度度量的集聚效应进一步增大时，就业人口规模增加产生的能源消费增长和碳排放上升效应越来越明显，部分抵消了产业集聚引起的能源节约和碳排放下降效应，招致产业集聚的碳减排效果递减。因此，低碳约束下的最优城市规模为人口规模 50 万 ~ 100 万人的中等城市和人口规模在 500 万人以下的大城市。为了实现我国城镇化阶段的低碳发展，应促进人口向中等城市和 500 万人以下的大城市集聚，积极发展中等城市。

第6章　城镇空间结构影响
碳排放的机理研究

观察各国城镇化进程，我们发现各国城镇化进程中的空间分布形态可分为两种模式：一种是高密度紧凑型，另一种是低密度蔓延型。许多国家的空间分布形态是紧凑型的城镇化模式，如荷兰、日本、新加坡等。城市空间结构是指城市要素的空间分布和相互作用的内在机制（潘海啸，2010）。我国目前处于城镇化的中期，城镇空间结构对经济效益、生态环境甚至社会公平产生了深刻的影响。因此，探究城市空间结构与绿色发展之间的关系，发现城市空间结构影响低碳发展的内部机理，构建适合我国低碳发展的城市空间形态对中国实现未来可持续发展尤为重要。根据本书第4章的研究结果，城镇空间结构对碳排放具有显著的影响。本章基于第4章的结果，深入探讨城镇空间结构影响碳排放的作用机理，本章第一节研究城镇空间结构在我国的演化特征，第二节分析空间结构对碳排放作用过程中城市交通的传导机制，第三节是小结。

6.1　城镇空间结构演化分析

城市空间分布形态的演化主要表现为分散与集聚。空间分布结构优化对于城镇化有着深远的影响，对于建立低碳城市意义重大。

在城镇空间分布形态上，北美与欧洲的选择截然不同。美国被称为"车轮上的国家"，一半以上的城市已经形成低密度的蔓延型空间结构，没有达到公共交通系统运营的最低门槛，居民出行依赖小汽车。

与北美相反，1990年，欧洲委员会在考虑环境和生活质量的基础上提出了"紧凑城市"的概念。英国政府更进一步将其作为"英国可持续发展战略"的核心要素并提交到1994年初的联合国可持续发展会议上。荷兰政府提出"紧凑城市"作为国民体质计划的核心要素。澳大利亚政府则通过拒绝挥霍、拒绝美国式的土地使用方法构建自己的传统。即使在美国本土，到现在依然谴责借城市扩张来促进经济增长的发展方式。

中国快速的城镇化进程带来了人口加速增长、城市数量大量增加、城市外延急剧膨胀和郊区化，造成环境日渐恶化的结果。中国大城市边界的无序蔓延和居住郊区化带来以下两个方面的危害。

（1）乡镇工业化。乡村工业化在中国，特别是在经济发达地区，是一种较为普遍的现象。乡镇工业化推动了乡村的城镇化进程，也推动了当地农村的发展。但是，乡镇工业化违背了规模经济原理，乡镇企业通常具有低成本、低门槛、低技术含量的特征，缺乏核心竞争力。同时，乡镇工业化加重了农村环境的压力。重污染的企业，如药厂、造纸厂、化工厂等，从环境管制日渐严格的城市搬到乡村，不仅破坏了乡村山清水秀的景色，还给乡村的土壤、水，甚至村民的身体健康带来伤害。

（2）交通碳排放量巨大。城市边界"摊大饼"式蔓延和居住郊区化，导致出行距离增长和次数增加，使人们的通勤更加依赖于私人汽车，导致私人汽车使用和石油消耗的激增，从而导致愈演愈烈的交通碳排放问题。

自20世纪60年代起，西方学术界普遍认为，无序蔓延的城市空间结构对城镇化带来非常不利的影响。从经济效益角度看，分散的城市空间分布浪费了土地资源、导致了中心区的衰败；从环境的角度看，城市无序蔓延污染了空气、水和土壤，带来了城市道路拥挤加剧；从社会公平的角度看，城市无序蔓延导致了贫富分化、种族矛盾、社区衰落等社会问题。

为解决上述城市蔓延和分散化给城镇空间结构所带来的问题，从20世纪70年代开始，"紧凑城市"作为城市发展的一个关键词逐渐，在西方学术界和政府中受到关注。

关于紧凑城市，布雷赫尼（Breheny M，1995）给出了定义：保护耕地，限制农村土地的大量开发；高密度居住；土地混合用途；优先发展公共交通，并在节点处集中城市开发。

紧凑城市在学术界和政府中得到了越来越多的认同。首先，高密度的城市分布形态减少了对生态环境的破坏，降低了人类活动对自然环境的影响。其次，紧凑型城市可以通过缩短通勤距离减少对私人轿车的依赖，从而减少能源消耗和温室气体排放。再次，集聚的空间结构有助于实现基础设施、资源和服务的共享，降低城市运行的能源成本，从而实现城市的可持续发展。最后，紧凑的空间结构在土地利用上意味着以下核心理念：高密度、混合用地功能、发展公共交通、注重生态环境、关注社会公平。

2015 年年底召开的中央城市工作会议指出，要防止城市边界"摊大饼"式扩张，树立"紧凑城市"理念，推动形成绿色低碳的城市建设运营模式。2016 年，李克强总理在政府工作报告中指明的"十三五"时期主要目标任务和重大举措包括：推动形成绿色生产生活方式、加快改善生态环境，同时将加大环境治理力度、推动绿色发展取得新突破列入 2016 年的重点工作安排。

　　紧凑的城镇空间结构依靠交通基础设施给予保障，只有增加公共交通资源的数量和提高公共基础设备的使用效率，才能实现紧凑的城镇空间结构。由图 6-1 可知，城市人口密度随着旅客周转量的提高而提高，交通在城市空间形态演化中起着巨大的支撑性作用。

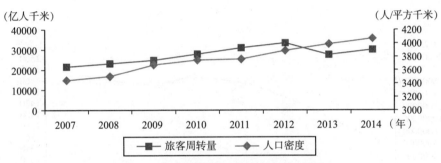

图 6-1　全国旅客周转量与城镇人口密度

资料来源：中经网统计数据库。

　　城镇空间结构也与城市产业结构相关。图 6-2 给出石家庄、无锡、开封、南昌、烟台、宜昌、宁波等城市的人口密度与制造业产值走势图，从图 6-2 中可以看出，随着各城市人口密度的上升，城市制造业产值增长。其他城市人口密度及制造业产值之间的走势与上述 7 城类似，本书选取不同人口密度的城市作为样本来反映人口密度与产业结构之间的关系。伴随人口密度的增加，城市集聚效应显现，规模经济出现，第二产业扩张，城市空间形态紧凑化。城市空间结构紧凑化意味着单位城市面积可容纳更多的人口，人口密度提高，从而就业密度提升。由图 6-2 可知，城市空间结构紧凑化与产业结构演变之间有着紧密的关联。那么，在建立低碳城市的过程中，城市空间形态影响碳排放的机理是什么？本章将通过实证研究来进行探讨。

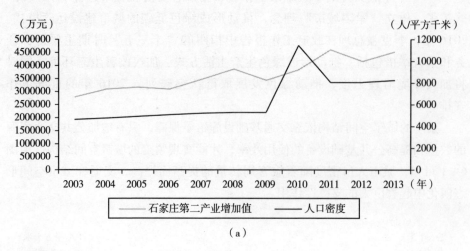

（a）

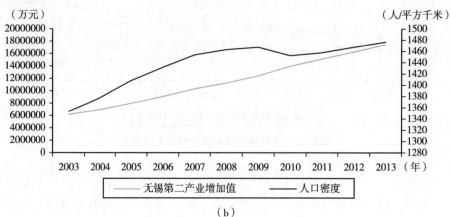

（b）

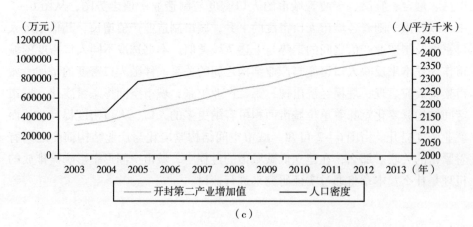

（c）

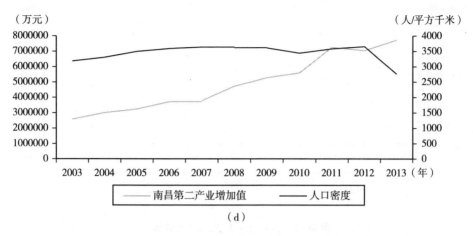

（d）

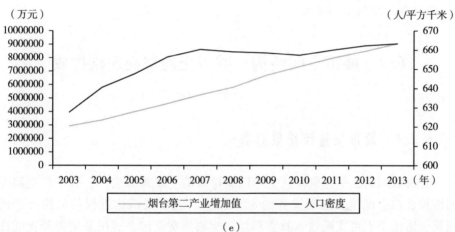

（e）

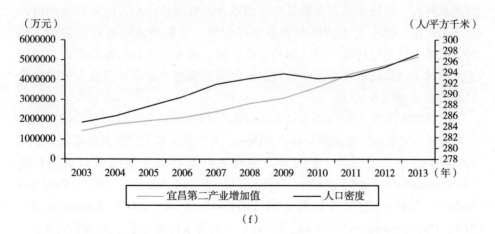

（f）

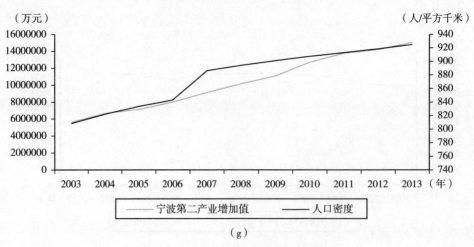

（g）

图6-2　人口密度与第二产业增加值

资料来源：中经网统计数据库。

6.2　城市空间结构、城市交通与交通碳排放

6.2.1　城市交通碳放趋势

交通部门的二氧化碳排放是中国碳排放的主要来源之一，其中，道路交通碳排放占总城镇交通碳排放的80%以上。随着城镇化进程的加快和经济增长，居民个人可支配收入日益增加，交通消费支出占居民总消费开支的比例越来越高，居民小汽车保有量在中国城市迅猛增长。私人汽车数量的增长和普遍使用，带来交通拥堵和能源消耗激增，导致环境问题日益尖锐。同时，城镇人口迅猛增加、城区面积急剧扩张，加大了出行和通勤距离，增加了人们对小汽车的依赖，从而导致交通能源消费越来越多，引致交通碳排放迅速增长（见图6-3）。

纽曼和肯沃西（Newman and Kenworthy，1999）认为人口密度和城镇土地利用是影响交通部门能源消费的主要因素，人口密度越大，通勤距离越短，石油消费就越少。之后，众多的研究围绕人口密度对交通能源消费的影响（Brownstone and Golob，2009；Mindali，Raveh and Salomon，2004；Park and Andrews，2014）、对碳排放的影响（Kennedy et al.，2009；Norman et al.，2006；Poumanyvong and Kaneko，2010）、对其他指标如生态足迹的影响展开。

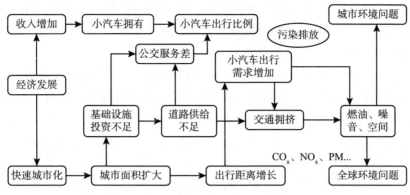

图6-3　城镇化、机动化与环境问题

资料来源：日本名谷屋大学哈雅（Hayash）教授。

一些学者发现不同城市的交通工具的能源消耗差异较大，因此提出国内能源消费应该与公共交通和城市空间形态相联系（Schwanen，2005；Stead，2001）。大卫·布朗斯通（David Brown-stone，2009）提出了一个联合模型，将居住密度与车辆和燃料的使用相结合，发现如果居住密度每1000人减少1平方千米，家庭的通勤距离将相应增加1920千米。从而加剧了温室气体排放。郑等（Zheng et al.，2009）也揭示了人口密度与出租车和公交车碳排放之间明显的负相关关系，即居住密度每千人减少2.59平方千米，出租车碳排放将减少0.424吨，公交车碳排放将减少0.837吨。同时，城市空间的扩张鼓励居民选择更加独立的房屋居住，这将导致碳排放的大量增加。姚（Yao Y L，2010）将影响能源消耗的经济技术要素和城镇空间结构放在同一个模型中，运用LMDI方法进行分析。结果显示，当人口密度与能源消费的空间形态联系在一起时，人口密度提高能够切实地减少能源消费，结果还发现紧凑城市和低碳城市能够最有效地减少能源消费。城市空间结构与交通和居民生活标准相联系，而交通是消费更多能源的根本原因。松桥和有贺（Matsuhashi K and Ariga T，2016）探讨了日本通过紧凑型城市的建设减少汽车碳排放的可能性，研究运用了日本1980~2008年的数据，模拟了2030年紧凑与分散两种城市空间结构情景下的轿车碳排放，结果发现在紧凑与分散两种情景下，日本人均碳排放的差异为5%左右。印等（Yin et al.，2015）通过模拟2030年单中心和多中心的城市结构情景下的日本熊本地区个人消费行为，来检验紧凑发展与能源消费之间的关系，结果显示，城市空间结构确实影响了个人消费行为和能源消费。多中心的城市空间形态减少了能源消费，是熊本紧凑发展的更好的选择。布尔加拉西和卢扎蒂（Burgalassi D and

Luzzati T，2015）检验了意大利的城市空间结构与碳排放之间的关系，结果发现紧凑的城市空间形态通过减少私人小汽车交通减少了碳排放，但该研究没有找到多中心的城市形态有利于减排的证据。

关于中国的交通碳排放，一些学者进行了探讨，并且得出了类似的结论：按照现有路径发展下去，交通部门将逐渐成为未来能源需求和碳排放增长的主要源头（江玉林、姜克隽，2009；吴文化，2007；蔡博峰等，2011）。张陶新（2012）的实证研究发现，长期内，城镇化率是影响交通碳排放的最大因素。世界银行以我国城市为样本的专题报告指出，城市的扩张、人口密度的提高使得机动车辆和出行量增长，导致出行距离加长，加上人们对私人轿车出行的偏好，推动了城市交通碳排放的增加。张陶新等（2011）认为城市的空间结构和交通是影响低碳交通的主要方面。朱跃中（2001）的研究发现中国交通部门二氧化碳排放的增长速度快于能源需求的增长，还发现较好的减排效果可以通过优化交通模式得到。

能源统计数据为实物消耗量，需要换算成标准煤（标煤折算系数来自《中国能源统计年鉴》，见表6-1）。我国交通运输部门的能源消耗一直呈扩张态势，如图6-4所示，交通部门能源消费从1995年起持续上升，2003年能源消费出现剧增，2008年受金融危机的影响增长趋缓，2010年后又呈持续上升趋势，至2014年，交通运输、仓储和邮政行业的能源消费需求达到36336万吨标煤。各种能源经折算以后的标煤消费量如图6-5所示。1995～2014年，能源消费结构呈现显著变化：柴油和汽油消耗占总能源消耗的比例逐年上升，柴油消耗从1995年的1246.56万吨增长到2014年的11042.80万吨，汽油消耗从1995年的982.30万吨增长到2014年的4665.01万吨；煤炭消费在能源消费结构中的比例呈逐年下降趋势，从1995年的1315.10万吨减少到2014年的558万吨。其中，天然气能源消费的增长速度最快，从1995年的1.57亿立方米飙升至2014年的214.42亿立方米，化石能源消耗速度远高于其他能源。

表6-1　　　　　　　　　能源的标煤折算系数与二氧化碳转换系数

能源	折标煤系数	二氧化碳转换系数
煤炭	0.7143 千克标煤/千克	2.379 千克/千克
燃料煤	0.7143 千克标煤/千克	1.982.379 千克/千克

续表

能源	折标煤系数	二氧化碳转换系数
原料煤	0.900 千克标煤/千克	2.495 千克/千克
焦炭	0.9714 千克标煤/千克	2.906 千克/千克
原油	1.4286 千克标煤/千克	3.285 千克/千克
汽油	1.4714 千克标煤/千克	3.048 千克/千克
煤油	1.4714 千克标煤/千克	3.06 千克/千克
柴油	1.4571 千克标煤/千克	3.106 千克/千克
燃料油	1.4286 千克标煤/千克	3.162 千克/千克
天然气	1.33 千克标煤/立方米	2.046 千克/立方米
液化石油气	1.714 千克标煤/千克	3.169 千克/千克
煤气	5.714 千克标煤/立方米	0.743 千克/立方米
电力	0.1229 千克标煤/千瓦时	—

资料来源:《中国能源统计年鉴》、IPCC、IEA 等。

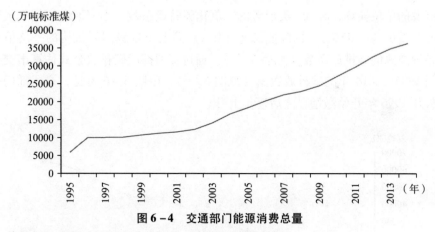

（万吨标准煤）

图 6 – 4　交通部门能源消费总量

资料来源：根据《中国能源统计年鉴》历年数据计算整理绘制。

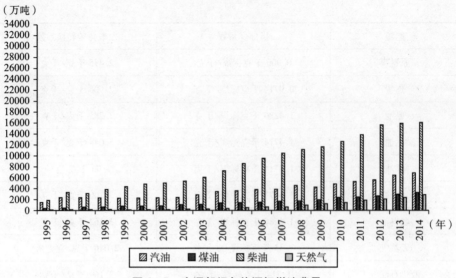

图6-5 交通部门各能源标煤消费量

资料来源:《中国能源统计年鉴》历年数据整理计算绘制。

交通部门碳排放采用公式 $C = \sum S_i \times F_i \times E_i$ 进行估算。

公式中, C 为交通部门二氧化碳排放量 E_i 指第 i 种能源的消耗量, F_i 为 i 类能源的单位换算, S_i 为 i 类能源的二氧化碳转换系数。本书取政府间气候变化专门委员会 (IPCC)、国际能源署 (IEA) 等七个权威国际机构的平均值作为各种能源的碳排放系数 (见表6-1)。通过交通部门碳排放公式估算出交通部门 1995~2014 年的碳排放数据 (见图6-6), 由图6-6可见, 交通部门碳排放从 1996 年开始激增, 之后逐年上升。

图6-6 1995~2014年交通部门碳排放量

资料来源:《中国能源统计年鉴》历年数据整理计算绘制。

6.2.2　城市空间结构与交通的关系

城市空间结构是指城市要素的空间分布和相互作用的内在机制。空间结构优化对于建立低碳城市具有重要意义，是城市碳减排的有效措施。城镇碳排放的三大来源是依次为工业、建筑和交通，随着中国结构转型升级加快，工业碳排放所占的比例持续下降，交通碳排比重提高。而城市空间结构是影响交通碳排放的重要因素，因此空间结构优化尤为重要。城镇空间结构的优化，能够减少人口对环境压力，减缓污染问题。这个过程中最重要的是城市交通系统的优化，只有城镇空间结构与城镇交通相互配合，人口密度才能提高。因此，探讨低碳城市应当了解城市交通对空间结构及碳排放的影响机理。城市交通与空间结构及二氧化碳排放的关系主要表现在以下三个方面。

1. 交通水平影响城镇空间形态

城镇空间结构的主要影响因素是空间地域间的相互关联与作用，这取决于地域范围内的可到达性。空间可达性随着技术创新而更加便捷。城市道路基础设施和公交车数量决定着城市的扩张空间，增加城市基础设施资源能够改善城镇空间可达性，加快城市空间扩张速度，轨道交通方式尤其是地铁对城市扩张有明显带动作用。

2. 城市空间结构影响城市交通

城市空间结构对城市交通的影响主要体现在以下两个方面。一方面，城镇空间结构优化提高了城市集聚水平，增加了城市承载能力，因而提高了公共交通利用效率，即有限的时间内能够运输更多的客流与货流；另一方面，城市空间结构的合理化促进了城市经济增长，引致了更多的交通运输需求，从而提升了城市交通利用效率。

3. 城市交通对二氧化碳排放的影响

城市经济发展对交通碳排放有促进作用，经济发展水平高的城市交通运输需求多，产生的交通碳排放也多。公共交通资源的增加与利用效率的提高能够代替私家车的使用，减少交通碳排放，缓解城市交通拥堵。

城市空间结构的合理布局能够提高空间利用效率，城市交通系统的优化使客流与物流的运输更加便捷高效，也推动了城市的空间扩张。而城市空间结构对交通碳排放的影响如何随着交通水平的变化而变化，还有待实证检验，本章6.2.3 将建立模型对空间结构与城市交通碳排放的关系进行检验。

6.2.3 城市空间结构与交通碳排放关系的实证研究

根据前面的分析，可以发现城市空间形态与交通碳排放之间存在复杂的相互关系。一方面，优化城镇空间形态能够提高人口密度，导致人流与物流的增加，加重交通碳排放；另一方面，人口密度上升，有利于形成人口集聚与产业集聚，从而促进城市经济发展中规模与质量的提升，意味着地方政府更有能力进行公共交通的投资与建设。而城市公共交通资源数量的增长与质量的提升，能够有效地替代和减少部分私人轿车出行，最终实现交通碳减排。可见，交通碳排放是城市空间形态和公共交通资源的函数。为此，本书建立检验模型，见式（6-1）。

$$CO_2 = \beta_0 + \beta_1 X_1 + \beta_2 X_2 + \beta_3 X_3 + \beta_4 X_4 + \varepsilon \qquad (6-1)$$

式（6-1）中的 X_1、X_2、X_3、X_4 是本节检验的解释变量，分别指城市空间结构、城市交通发展水平、城市交通结构效应、城市公共交通。CO_2 指各城市交通碳排放，由于目前公开的统计资料和数据库中尚未统计交通碳排放的数据，因此本节主要采用估算的方法，即利用能源平衡表中交通部门的终端能源消费实物量，按照标煤转换系数转换为标煤，再根据各种能源的碳排放系数估算并加总，以此估算交通部门总的二氧化碳排放量。我国城市能源平衡表存在较大的数据可得性问题，在地级以上城市样本中，目前仅能获取北京、上海、天津、重庆的能源平衡表，因此，本节选取的样本为全国总样本和 29 个省（直辖市、自治区）。以下将探讨在全国总体样本和分省样本区间内，交通碳排放与城市空间结构之间的关系。

1. 全样本时间序列检验

建立全国样本时间序列模型，见式（6-2）。

$$lnCO_{2t} = \beta_0 + \beta_1 Space_t + \beta_2 (Space_t)^2 + \beta_3 lnTV_t$$
$$+ \beta_4 lnTransport_t + \beta_5 lnTaxi_t + \varepsilon_t \qquad (6-2)$$

式（6-2）中，ln 指取自然对数，下标 t 指年份。$lnCO_{2t}$ 表示交通碳排放的自然对数；Space 指城镇空间结构，用城市人口密度表示；TV 指公共交通运输量，用公共交通车辆运营数量和每万人拥有公交车辆数表示；Transport 表示城市交通系统水平，用出租车数量和人均拥有道路面积等代理。ε_t 指其他干扰项。

用于估算交通碳排放数据的交通部门终端能源消费量来源于《中国能源统计年鉴》，其他变量的数据主要来源于历年《中国统计年鉴》。样本区间为

1995~2014 年，变量的描述性统计如表 6-2 所示。

表 6-2　　　　　　　　　　　　变量的描述性统计

变量	变量含义	单位	均值	标准差
CO_2	交通部门碳排放	万吨	41326.06	14470.67
Space	城市人口密度	人/平方千米	1630.67	775.24
TV	公共交通车辆运营数	万辆	34.23	8.23
	每万人拥有公交车辆数	标台	9.68	2.47
Taxi	出租车数量	万辆	95.31	6.98
Transport	人均拥有道路面积	平方米	11.37	2.85

资料来源：本书作者整理。

在进行回归分析之前，首先考察变量之间是否序列相关，因样本容量大，本节对各变量数据取对数，减少了共线性。① 为了慎重起见，检验了解释变量的 VIF（方差膨胀因子），发现均小于 4。因此，自变量之间不存在严重的序列相关。

由于大多数时间序列是非平稳的，本书应用 ADF 方法对时间序列各变量进行平稳性检验，检验结果显示，被解释变量 $\ln(CO_{2t})$ 时间序列的水平值是非平稳的，一阶差分 $Dln(CO_{2t})$ 也是不平稳的，二阶差分平稳；解释变量 Space 的水平值是非平稳的，一阶差分平稳；$(Space_t)^2$ 的水平值是非平稳的，一阶差分平稳；公共交通车辆运营数对数的一阶差分平稳；每万人拥有公交车辆数对数的水平值平稳；出租车数量对数的一阶差分平稳；人均拥有道路面积对数的二阶差分是平稳的。

由于式 6-1 中的时间序列变量是非平稳的，为了判定回归分析的有效性，对模型残差进行 ADF 平稳性检验，得到的 ADF 统计值小于 1% 显著性水平下的临界值，表明在 1% 的显著性水平下拒绝原假设，即残差序列不存在单位根。因此利用式 6-2 进行回归分析不是伪回归。

表 6-3 报告了全样本时间序列回归分析结果。由回归结果可知，公共交通车辆运营数与交通碳排放之间是此消彼长的关系；用每万人拥有公交车辆数表示的公共交通运输量与交通碳排放显著负相关，在 1% 的显著水平下，城市公共交通运输量越多，交通碳排放越少。原因在于，城市公共交通资源能够替

――――――――――

① 本书的所有变量采用了对数形式，从而控制了异方差的干扰。

代部分私人轿车出行。城市公共交通资源的增加和效率的提升，能够吸引越来越多的人利用公共车等方式出行，从而减少了私家车的使用，节约了石油等能源的消费，减少了交通碳排放。

表6-3　　　　　　　　　　　全样本时间序列回归结果

变量	模型（1）	模型（2）	模型（3）	模型（4）
人口密度	0.00051 * (1.89)	0.00048 (0.01)	0.00094 *** (6.00)	0.00048 ** (2.71)
人口密度的平方	-1.89E-07 ** (1.99)	-1.35E-07 (-0.28)	-3.32E-07 *** (-7.00)	-1.78E-07 ** (2.946)
公共交通车辆运营数对数	—	-1.39 *** (4.77)	—	-0.689 ** (3.095)
每万人拥有公交车辆数对数	-1.35 *** (-3.58)	—	-0.422 (-1.18)	—
出租车数量对数	-0.009 (-0.0085)	-0.05 (-0.006)	—	—
人均拥有道路面积对数	—	—	0.818 ** (2.685)	0.615 *** (3.259)
常数项	7.47 *** (14.36)	6.89 *** (16.01)	8.121 *** (53.92)	6.89 *** (16.013)
R^2	0.995	0.992	0.993	0.996

注：括号内为 T 值，*、** 和 *** 分别对应于 10%、5% 和 1% 的显著性水平。
资料来源：《中国能源统计年鉴》和《中国统计年鉴》。

人均拥有道路面积是度量城市交通系统水平的指标，该指标在模型（3）、模型（4）中在 1% 的显著性水平上与城市交通碳排放正相关，人均拥有道路面积越大则交通碳排放越多。表明城市道路长度与充裕度提高，从而交通需求上升，带来私人小汽车保有量的上涨，引致交通碳排放上升。出租车数量体现城市交通的结构效应，出租车数量的增长和利用效率的提高能够减少私人小汽车的使用频率，从而有利于减少交通二氧化碳排放。

模型（1）、模型（3）、模型（4）的估计结果显示，城镇空间形态与交通碳排放之间呈现稳定的倒"U"型关系。人口密度一次项系数显著为正，二次项系数显著为负。随着人口密度的上升，交通碳排放先上升后下降。意味着随着人口密度增加，人口规模的扩张快于公共交通的增长。快速增加的交通需求需要通过高能耗的私家车等运输形式满足，此时人口密度的提高导致城市交通能源消耗和碳排放剧增。当人口密度超过了倒"U"型曲线的拐点继续提高时，集聚经济和紧凑型城市形成，公共交通体系发挥出集约的优势，从而降低交通部门碳排放水平。

2. 分省面板数据检验

由全样本的时间序列分析，研究发现人口规模的扩张引致交通需求大规模增加，从而刺激了交通碳排放的增长。而当人口密度超过拐点进一步提高时，人口集聚能够缩短通勤距离、减少通勤时间，实现交通部门碳减排。地铁、公交车、出租车等公共交通方式对私家车出行具有替代效应，能够实现能源的节约和交通碳排放的减少。为了进一步检验全样本时间序列回归结果的可靠性，本章利用分省的面板数据对回归模型进行验证。面板数据样本范围包括北京、天津、河北、山西、内蒙古、辽宁、吉林、黑龙江、上海、江苏、浙江、安徽、福建、江西、山东、河南、湖北、湖南、广东、广西、海南、重庆、四川、贵州、云南、陕西、甘肃、青海、新疆 29 个省份，样本区间为 2000 ~ 2016 年，数据来自《中国能源统计年鉴》《中国统计年鉴》。

首先，建立与式（6 - 1）类似的基本计量模型，见式（6 - 3）。

$$\ln CO_{2it} = \beta_0 + \beta_1 Space_{it} + \beta_2 (Space_{it})^2 + \beta_3 \ln TV_{it}$$
$$+ \beta_4 \ln Transport_{it} + \beta_5 \ln Taxi_{it} + \gamma_t + \eta_i + \varepsilon_{it} \qquad (6 - 3)$$

式（6 - 3）中，ln 指取自然对数，下标 i 指省级行政区域，t 指年份。CO_{2it} 表示各省交通部门碳排放，即利用能源平衡表中各省交通部门的终端能源消费实物量（数据来源于《中国能源统计年鉴》），按照表 6 - 1 中的碳排放系数折算为交通碳排放。各省交通碳排放除以不变价的各省地区生产总值，即得到交通部门碳强度（T）。$Space_{it}$ 指城市空间结构，用城市人口密度指标度量。为了捕捉可能存在的近似于环境库兹涅茨曲线的效应，模型中控制了城市人口密度的平方。TV_{it} 指公共交通运输量，用公共交通车辆运营数量和每万人拥有公交车辆数表示。$Transport_{it}$ 表示城市交通系统水平，用人均拥有道路面积等指标度量。$Taxi_{it}$ 指出租车数量，衡量城市交通的结构效应。η_i 指个体效应，γ_t 指时间固定效应，ε_{it} 指其他干扰项。城市人口密度、公共交通车辆运营数量、每万人拥有公交车辆数、出租车数量、人均拥有道路面积等数据都来源于历年《中国统计年鉴》，样本区间为 2000 ~ 2016 年。变量的描述性统计如表 6 - 4 所示。

表 6 - 4 变量的描述性统计

变量	变量含义	单位	观察值	均值	标准差	最大值	最小值
CO_2	交通部门碳排放	万吨	493	1746.614	1282.50	7052.87	67.60
T	交通部门碳强度	万吨/亿元	493	0.233	0.0978	0.665	0.042
Space	城市人口密度	人/平方千米	493	2287.81	1363.28	6307.4	26
TV	公共交通车辆运营数	万辆	493	12429.46	9413.51	63670	1125
	每万人拥有公交车辆数	标台	493	10.64	3.92	26.37	3
Taxi	出租车数量	万辆	493	33013.03	19197.27	84578	2876
Transport	人均拥有道路面积	平方米	493	11.96	4.26	25.82	3.9

资料来源:《中国能源统计年鉴》和《中国统计年鉴》。

在回归分析之前,先考察变量之间的共线性问题。尽管面板数据减少了共线性,本章的研究仍然考察了自变量的方差膨胀因子 VIF,这些值均小于10,因此变量之间不存在严重的共线性问题。表6-5报告了样本回归结果。

从表6-5的回归结果看,在模型(1)~模型(6)中,人口密度平方项的系数显著为负,人口密度的回归系数显著为正,城市空间结构与交通碳排放之间呈现显著的倒"U"型关系。即随着城镇人口密度的上升,城市交通碳排放先升后降。估计结果显示,城镇空间结构在城市经济发展的不同阶段对交通碳排放的影响是不同的。伴随城市经济的增长,城市人口密度上升。城市经济增长提高了城市居民的可支配收入,导致中国私家车保有量的激增,必然带来能源耗费和温室气体排放的增加。当城市经济进入发展的更高阶段,绿色低碳转型发展方式成为主流,低碳消费与低碳生活的观念深入人心,私家车的使用频率下降,地铁、公交车公共交通工具的数量和利用效率上升,从而了带来碳减排。此时,人口密度的提高能够实现空间结构紧凑的优势。因此,对不同发展阶段的城市,城镇空间形态对交通碳排放的影响是不同的。

本章的公共交通车辆以及每万人拥有公交车数量衡量城市公共交通运输量,在模型(1)和模型(3)中,公共交通车辆的回归系数显著为负。公交车数量增加1%,交通碳排放减少1.28%~1.327%。模型(5)和模型(6)中,每万人拥有公交车数增加1%,交通碳排放减少0.23%~0.265%。原因在于城市公共交通对私家车出行具有替代效应,城市公共交通资源的增加和利用效率的提高,能够降低私家车出行频率,从而降低交通碳排放。

本章的人均拥有道路面积衡量城市交通系统水平。在模型(1)、模型(2)、模型(5)、模型(6)中,在1%的显著性水平下,人均拥有道路面积与交通碳排放负相关。这与全国样本的实证结果不同，可能是因为，人均拥有道路面积表示城市道路的充裕度，人均拥有道路面积越多意味着出行路线越便捷，从而缩短出行距离，实现节能减排。抵消了城市道路长度与充裕度提高引致的交通需求上升的效应，带来碳减排的净效应。本章的出租车数量衡量城市交通的结构效应，在模型（3）和模型（4）中，出租车与交通碳排放是负相关的关系。因为乘坐出租车与私家车出行具有替代效应，出租车利用率的提高能够减少私家车使用，从而降低交通碳排放。

表 6 - 5 回归结果

解释变量	模型（1）	模型（2）	模型（3）	模型（4）	模型（5）	模型（6）
人口密度	0.0002*** (4.55)	0.00023*** (4.31)	0.0002*** (4.54)	0.0036*** (5.88)	0.0004*** (6.27)	0.0004*** (6.91)
人口密度平方项	-2.62E-08*** (-3.12)	-2.72E-08*** (-3.35)	-2.68E-08*** (-3.38)	-3.12E-08*** (-3.27)	-4.59E-08*** (-4.51)	-4.55E-08*** (-4.23)
公共交通车辆的对数	-1.28*** (-16.99)	-1.103*** (-18.52)	-1.327*** (-17.21)	-1.256*** (-18.01)	—	—
每万人拥有公交车的对数	—	—	—	—	-0.265** (2.03)	-0.23** (1.92)
出租车数的对数	—	—	-0.103 (-0.55)	-0.167* (-1.73)	—	—
人均拥有道路面积的对数	-0.135* (1.83)	-0.217*** (4.27)	—	—	-0.607*** (-6.77)	-0.623*** (-8.28)
常数项	-5.23*** (-8.47)	-3.83*** (-9.62)	-6.28*** (-5.79)	-3.04*** (-4.01)	4.49*** (20.08)	4.54*** (15.15)
R^2	0.705	0.704	0.71	—	0.483	0.484
F 或 WALD	266.35 (0.00)	930.33 (0.00)	93.38 (0.00)	360.43 (0.00)	88.77 (0.00)	356.11 (0.00)
Hausman 检验	—	18.94 (0.002)	—	26.78 (0.00)	—	0.51 (0.919)
模型	Fe	Re	Fe	Re	Fe	Re
样本数	493	493	493	493	493	493

注：***、**、*分别代表1%、5%、10%的显著性水平；系数值括号里为T值，被解释变量均为$\ln CO_2$。

资料来源：《中国能源统计年鉴》和《中国统计年鉴》。

3. 稳健性检验

为了检验空间集聚对碳排放影响的稳健性，通过表 6 - 6 报告了将被解释变量替换为碳强度的估计结果。碳强度由交通二氧化碳排放量除以各省不变价 GDP 得到，各省碳强度的描述性统计见表 6 - 4。

表 6 - 6 　　　　　　　　被解释变量替换为碳强度对数的稳健性检验

解释变量	模型 (7)	模型 (8)	模型 (9)	模型 (10)	模型 (11)	模型 (12)
人口密度	0. 00017 *** (4. 43)	0. 00017 *** (4. 42)	0. 00014 *** (3. 45)	0. 00014 *** (3. 51)	0. 00014 *** (3. 26)	0. 00018 *** (4. 51)
人口密度 平方项	− 1. 89e − 08 *** (− 2. 78)	− 1. 95e − 08 *** (− 2. 79)	− 1. 5e − 08 *** (− 3. 01)	− 1. 6e − 08 *** (− 2. 99)	− 1. 32e − 08 * (− 1. 88)	− 1. 99e − 08 *** (− 2. 94)
公共交通 车辆的对数	—	—	− 0. 278 *** (− 4. 73)	− 0. 262 *** (− 8. 33)	− 0. 263 *** (− 4. 82)	− 0. 314 *** (− 6. 03)
每万人拥有 公交车的对数	− 0. 252 *** (− 3. 08)	− 0. 217 *** (− 2. 92)	—	—	—	—
出租车数的 对数	—	—	—	—	− 0. 503 *** (− 3. 74)	− 0. 124 (− 1. 41)
人均拥有道路 面积的对数	− 0. 222 *** (− 2. 87)	− 0. 268 *** (− 3. 87)	− 0. 248 *** (− 4. 24)	− 0. 276 *** (− 4. 96)		
常数项	− 0. 394 *** (− 3. 2)	− 0. 367 *** (− 2. 77)	1. 582 *** (4. 32)	1. 48 *** (3. 19)	5. 978 *** (5. 96)	2. 602 *** (3. 67)
R^2	0. 347	0. 349	0. 368	0. 366	0. 367	0. 355
F 或 WALD	59. 33 (0. 00)	242. 61 (0. 00)	60. 63 (0. 00)	281. 41 (0. 00)	60. 79 (0. 00)	227. 01 (0. 00)
模型	Fe	Re	Fe	Re	Fe	Re
HAUSMAN	—	4. 45 (0. 347)	—	2. 54 (0. 476)	—	13. 7 (0. 0034)
样本数	493	493	493	493	493	493

注：*** 分别代表1%的显著性水平，系数值括号里为 T 值，被解释变量均为碳强度的对数。
资料来源：《中国能源统计年鉴》和《中国统计年鉴》。

表 6 - 7 中模型 (7) ~ 模型 (12) 的估计结果显示，无论是固定效应模型还是随机效应模型，人口密度平方项的系数显著为负，人口密度的回归系数显著为正。城市空间结构与交通碳排放强度之间呈现显著的倒 "U" 型关

系，估计结果显示，城镇空间结构在城市经济发展的不同阶段对交通碳排放的影响是不同的，即随着城镇人口密度的上升，城市交通碳排放先升后降与模型（1）~模型（6）的结果是一致的。公共交通车辆的系数显著为负，每万人拥有公交车数的系数显著为负，公交车数量的增加和利用效率的提高有效地替代了私人轿车使用，减少了交通部门的温室气体排放，这和表6-5的结果一致。模型（7）~模型（12）中，人均拥有道路面积的回归系数显著为负，出租车数量的系数与交通碳强度负相关，和表6-5的结果也是一致的。

4. 小结

全国样本的时间序列分析与分省的面板数据检验得出了一致的结论：城镇空间形态与交通碳排放之间呈现稳定的倒"U"型关系。人口密度一次项系数显著为正，二次项系数显著为负。随着人口密度的上升，交通碳排放先上升后下降。这表明，城镇空间结构在城市经济发展的不同阶段对交通碳排放的影响是不同的。伴随城市经济的增长，城市人口密度上升。城市经济增长提高了城市居民的可支配收入，导致中国私家车保有量的激增，必然带来能源耗费和温室气体排放的增加。当城市经济进入发展的更高阶段，绿色低碳转型发展方式成为主流，私家车的使用频率下降，地铁、公交车公共交通工具的数量和利用效率上升，从而了带来碳减排。此时，人口密度的提高能够带来空间结构紧凑的优势。城市公共交通对私家车出行具有替代效应，城市公共交通资源的增加和利用效率的提高，能够降低私家车出行频率从而降低交通碳排放。

交通运输方式的变迁影响了城镇空间结构布局，从而影响了交通碳排放。交通部门的改善从两个方面影响了交通碳排放。一个方面是公路等交通基础设施的改善增加了交通消费的引致性需求，在一定程度上增加了出行意愿，带来交通碳排放上升；另一方面，公共交通系统的优化促进了紧凑型城市的形成，地铁、轻轨、公交车等公共交通方式代替了部分私人小汽车出行，从而降低燃料需求和交通碳排放。同时，公共交通基础设施的完善也在很大程度上提高了城市空间利用效率，促进了人口合理分布。

6.3　本 章 小 结

本章利用全国样本的时间序列数据、分省份的面板数据和中国地级市的面板数据，研究在城市空间结构的演进中，城市交通、产业结构的作用，及其对城镇碳排放的冲击，通过理论分析与实证研究，有以下两个发现。

　　（1）城市空间结构与交通碳排放之间呈现显著的倒"U"型关系，即随着城镇人口密度的上升，城市交通碳排放先升后降。估计结果显示，城镇空间结构在城市经济发展的不同阶段对交通碳排放的影响是不同的。伴随城市经济的增长，城市人口密度上升。城市经济增长提高了城市居民的可支配收入，导致中国私家车保有量的激增，带来能源耗费和温室气体排放的增加。当城市经济进入发展的更高阶段，绿色低碳转型发展方式成为主流，在该阶段低碳消费与低碳生活的观念也深入人心，私家车的使用频率逐步下降，地铁、公交车公共交通工具的数量和利用效率上升，从而带来碳减排。此时，人口密度的提高能够带来空间结构紧凑的优势。因此，对不同发展阶段的城市，城镇空间形态对交通碳排放的影响是不同的。

　　（2）交通运输方式的变迁，对城镇空间结构的演化带来了重要的影响，从而影响了交通碳排放。公交车数量增加1%，交通碳排放减少1.28%~1.327%；每万人拥有公交车数增加1%，交通碳排放减少0.23%~0.265%。原因在于城市公共交通对私家车出行具有替代效应，城市公共交通资源的增加和利用效率的提高，能够降低私家车出行频率，从而降低交通碳排放。交通部门的改善通过两个方面对交通碳排放产生重要的影响。一个方面是公路等交通基础设施的改善增加了交通消费的引致性需求，在一定程度上增加了出行的意愿，带来交通碳排放上升；另一方面，公共交通系统的优化促进了紧凑型城市的形成。地铁、轻轨、公交车等公共交通方式代替了部分私人小汽车出行从而降低了燃料需求和交通碳排放。同时，公共交通基础设施的完善也能在很大程度上提高城市空间利用效率，促进人口合理分布。

第7章 中国低碳发展路径探讨

本章利用计量经济学的方法与工具，结合我国城镇化的实际过程，采用基于新经济地理学、低碳经济理论的研究结论，对我国城镇化进程中城市人口规模与城市空间结构对城市碳排放的影响和影响机制进行深入探讨，得出以下结论。

7.1 本书结论

7.1.1 人口城镇化的进程显著地增加了碳排放

我们利用 ARDL 方法研究了我国城镇化与碳排放之间的动态联系与长短期相互关系，发现在长短期内，城镇化与二氧化碳排放是正相关关系，城镇化的进程在一定程度上增加了我国环境的压力。目前我国处于城镇化快速推进的阶段，大规模的农村人口转移至城市。城镇化水平的提高在解决我国发展问题的同时，也带来了二氧化碳排放量的增长。这是由城镇化进程中高耗能的增长特征带来的，城市人口的人均能源消费大大高于农村人口，农村人口向城市的转移必然带来能源需求和碳排放的压力。

7.1.2 规模小的城市相对大城市更低碳

本章采用中国 108 个地级及以上城市的面板数据，借鉴汉森（1996，1999，2000）的面板门限回归模型进行实证研究，试图发现不同城市人口规模对碳排放的不同影响。得到如下结论：反映中国城市人口规模与碳排放之间的非线性回归模型具有 2 个门限值，分别为 127 万人和 510 万人；在不同城镇规模下，人口规模对碳排放的影响是不同的；中等城市的人口增加引致的碳排放增量最少，其次是人口少于 510 万人的大城市，而特大和超大城市的城镇化进程带来的碳排放增加是最多的。

不同人口规模对碳排放的不同影响，可能是由产业集聚带来的。通过对中国地级市面板数据的经验分析，本章得到了产业集聚能够降低碳排放的经验证据。产业集聚对各种人口规模的城市碳排放的影响确实显著为负。在保持其他条件不变的情况下：地级市就业密度增加 1%，会导致中等城市碳排放减少约 1.4%，城镇碳强度下降约 0.4%。产业集聚水平随着人口规模的变化而变化，人口向中等城市、500 万人以下的大城市集聚带来的碳排放下降程度明显大于向特大城市和超大城市聚集带来的下降程度。也就是说，低碳约束下的最优城市规模为人口 50 万~100 万人的中等城市和人口在 500 万人以下的大城市。产业集聚在中等城市和人口少于 500 万人的大城市的减排效果较好，能够显著地减少城市碳排放。这可能是因为，规模较大的城市的集聚效应促进了效率的提高和专业化生产，带来了规模经济和收益递增，但随着规模的进一步扩张，反而增加了交易成本，造成了规模不经济。产业集聚通过提高能源利用效率实现了碳减排，但当以就业密度度量的集聚效应进一步增大时，就业人口规模增加产生的能源消费增长和碳排放上升效应越来越明显，部分抵消了产业集聚引起的能源节约和碳排放下降效应，导致产业集聚的碳减排效果递减。

7.2   中国低碳发展路径探讨

我国城镇化率已由 1978 年的 17.9% 上升为 2017 年的 58.5%，城镇化的快速推进不可避免地带来了环境污染问题，尤其是碳排放快速增长问题。《国家新型城镇化规划（2014-2020 年）》指出要加快绿色城市建设，将生态文明理念全面融入城市发展。党的十九大报告中提出建设美丽新中国的社会总战略，构建环境管控的长效机制，以尽快落实《巴黎协定》的碳减排承诺。习近平总书记在 2018 年 5 月召开的全国生态环境保护大会上强调坚决打好污染防治攻坚战，推动生态文明建设迈上新台阶。为实现新时代城镇化阶段低碳的发展模式，本书课题组进行了路径探讨，提出如下建议。

7.2.1   紧凑的城市空间结构是低碳的

本章采用 108 个地级及地级以上城市的 2003~2013 年间的城市样本数据，

用居住密度度量城镇空间结构，对居住密度等变量影响碳排放的演进进行了实证研究，结果发现，居住密度是影响碳排放的重要因素，在总样本和东部、中部、西部城市样本中，居住密度的提高均显著地减少了二氧化碳排放。居住密度提高意味着城镇人口分布紧凑化。城镇人口分布紧凑化，不仅能够实现人口聚集带来的外部性收益，而且通过资源的集约利用，可以提高能源利用效率，最终实现碳减排。在我国城镇空间结构影响二氧化碳排放的演进过程中，城市交通和产业结构发挥了显著的作用。

本书研究结果显示，城市空间结构与交通碳排放之间呈现显著的倒"U"型关系，即随着城镇人口密度的上升，城市交通碳排放先升后降。城镇空间结构在城市经济发展的不同阶段对交通碳排放的影响是不同的。伴随城市经济的增长，城市人口密度上升。城市经济增长提高了城市居民的可支配收入，导致中国私家车保有量激增，带来能源耗费和温室气体排放的增加。当城市经济进入发展的更高阶段，绿色低碳转型发展方式成为主流，低碳消费与低碳生活的观念也深入人心，私家车的使用频率下降，地铁、公交车公共交通工具的数量和利用效率上升，从而了带来碳减排。此时，人口密度的提高能够带来空间结构紧凑的优势。因此，对不同发展阶段的城市，城镇空间形态对交通碳排放的影响是不同的。

交通运输方式的变迁，影响了城镇空间结构的演化带来了重要的影响，从而影响了交通碳排放。交通改善对交通碳排放的影响主要体现在两个方面。一方面是公路等交通基础设施的改善增加了交通消费的引致性需求，在一定程度上增加了出行的意愿，带来交通碳排放上升。另一方面，公共交通系统的优化促进了紧凑型城市的形成。地铁、轻轨、公交车等公共交通方式代替了部分私人小汽车出行从而降低了燃料需求和交通碳排放。同时，公共交通基础设施的完善也在很大程度上提高了城市空间利用效率，促进了人口合理分布。

7.2.2　建立紧凑型城市，提高人口密度和居住密度

欧盟（1990 年欧洲共同体委员会）在考虑环境和生活质量两个理由的基础上提出了"紧凑城市"的概念。英国政府通过促进交通和陆地使用规划来减少运输能源消耗（1990、1992、1994，英国环境部），更进一步将其作为英国可持续发展战略（1993，英国环境部）的核心要素并提交到 1994 年初的联合国可持续发展会议上。荷兰政府提出将"紧凑城市"作为国民体质计划的核心要素，澳大利亚政府则通过拒绝挥霍、拒绝美国式的土地使用方法构建了

自己的传统。在美国，即使到现在依然谴责以城市扩张来促进经济增长的发展方式。

遏制城市扩张可能存在诸多优点，如减少土地流失、保存栖息地和珍贵的土地空间，减少化石能源消耗以及因此减少有害气体排放。

城市密度和运输能源消耗是城市密度研究中最著名的理论之一，是由纽曼和肯沃西（1989）提出，他们在全球各大城市的范围测量人均石油消耗和人口密度，发现两者之间清晰的负相关关系：随着人口密度的增长，交通燃料消耗急剧下降。

英国环保部的报告 ECOTEC（1993）对环境部门的研究为人口密度和能源消耗之间的关系提供了依据（见表7－1）。

表7－1　　　　　　　　　　每周人均路程、模式和人口密度

密度（每公顷）	所有模式	汽车	公交	火车	步行	其他
<1	206.3	159.3	5.2	8.9	4.0	28.8
1 ~ 4.99	190.5	146.7	7.7	9.1	4.9	21.9
5 ~ 14.99	176.2	131.7	8.6	12.3	5.3	18.2
15 ~ 29.99	152.6	105.4	9.6	10.2	6.6	20.6
30 ~ 49.99	143.2	100.4	9.9	10.8	6.4	15.5
>50	129.2	79.9	11.9	15.2	6.7	15.4
所有区域	159.6	113.8	9.3	11.3	5.9	19.1

资料来源：ECOTEC（1993，Table 6）。

表（7－1）证实了纽曼和肯沃西（1989）的发现：每周总旅行距离和人口密度之间呈负相关性。ECOTEC（1993）推荐给英国政府紧凑城市的方案，以解决土地使用和交通政策问题。

中国城镇人口分布分散，聚集程度低于最优水平，"摊大饼"式分散的城市人口空间分布降低了城市空间利用率，带来过多的交通碳排放。

因此，2015 年底的中央城市工作会议提出的建立紧凑城市、实现低碳发展的理念具有可行性和必要性。提高城镇居住密度、建立紧凑型城市，对于降低碳排放至关重要。人口密度和居住密度的提高能够发挥人口集聚效应，减少通勤时间和缩短通勤距离，从而显著减少城镇碳排放。提高公共交通利用效率，发展公共交通运输方式，有利于替代和减少私家车出行，降低交通碳排放。在住房供给方面，政府要限制大户型和别墅的建设，鼓励和推广小户型住

宅；在居民住房消费方面，倡导资源节约型和环境友好型的居住消费方式，通过住房的合理配置提高城镇人口密度和居住密度，建立起紧凑型城市。中国建立紧凑城市的路径选择如下。

1. 构建紧凑式城市空间结构

城市管理者可以通过构建紧凑式城市结构、优化空间形态等方法激发现有的城市潜能，提升城市的可持续发展能力。值得指出的是，建立紧凑城市，除了提高人口密度和居住密度，还包括综合考虑城市的多中心或单中心特征、土地混合利用度、空间集中度布局等要素，从而找到最优的城市空间结构模式。

控制分散、蔓延式的城市开发模式，推荐集中及邻近的开发模式。对于中国来说，迫在眉睫的是要控制城市"摊大饼"式郊区化扩张，解决分散化所带来的职住分离问题。城镇的无序扩张破坏了紧凑且低碳的邻里结构，刺激了远距离的机动车出行。

推荐土地混合利用和多样化开发，提高公共交通、商业设施和就业的可达性。推荐以公共交通为主导的开发模式，即将大容量快速公共交通作为土地开发与建设的重心，在主要公交站点汇聚各种项目、商业设施与就业机会，实现紧凑通达的城镇化及其社区建设。除了推动公共交通的基础设施建设，还应重视商业和文化设施建设。

2. 建立紧凑城市的住房规划

对现有的大城市区域配置最大的住房量，并采取措施使这些大型城市能够更加便于通勤；改善住房的地理位置以便更好接轨铁路和公共交通；避免在郊区开发零星住房，但是鼓励现有社区合理发展；避免新的小聚落发展，尤其是在不方便公共运输以及不能设计自成体系的区域；在公共交通中心附近集中高密度住房；设定一定标准来保持现有住房密度以及适当地扩容；通过混合开发来兼顾就业与居住用途；避免在公共交通不方便的位置进行重点发展。

3. 构建紧凑城市须考虑城市的发展阶段和自身特点

我国不同地区之间城镇化水平差距较大，在进行空间规划时，须充分考虑地区差异，根据各地不同的人口、经济和社会结构等特征，进行差别化的空间规划与布局。另外，城镇化不是一成不变的，而是动态的变化过程，因此，城市管理者要抓住城市发展的长期趋势，构建最具时效性的紧凑城市管理方案。

7.2.3　提倡发展中等城市，建立低碳城市

城镇化进程推动着城市人口规模的扩张，我国在城镇化率从 1978 年的

17.9% 上升为 2015 年的 56.1% 的同时，地级及以上城市的个数增长了 148%，其中 50 万 ~ 100 万人口的城市从 35 个增至 100 个，100 万 ~ 500 万人口的城市从 27 个增至 128 个，500 万人以上的城市个数从 2 个增至 13 个。①

人口规模对环境的影响研究，以英国学者马尔萨斯和美国学者博赛洛浦为代表。马尔萨斯认为人口增长是环境恶化的罪魁祸首，主张控制人口增长；博赛洛浦则持截然相反的意见，认为由于技术创新，人口增长改善了环境质量。本书认为，分析人口规模对于对环境的影响，要综合考虑多方面因素，不能孤立、片面地研究。

城镇化过程中，人口向城市的集聚推动了产业等经济活动空间的集中，从而引起能源消耗扩张和污染排放增加，如图 7 - 1 所示，人口规模是污染排放的源头。

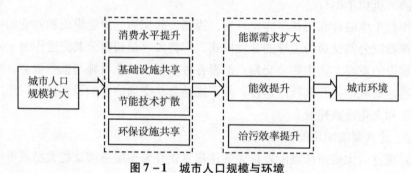

图 7 - 1　城市人口规模与环境

资料来源：本书作者整理。

王小鲁（2010）认为，人口向城市的集聚带来产业集聚等城市集聚效应，包括商品市场和要素市场的扩张和基础设施共享。人口聚集与产业集聚相互联系和影响。人口和产业的集聚能够实现规模报酬递增，从而减排降碳。付云鹏（2016）研究发现，人口规模的增大加重了环境污染的扩散。一些学者的实证研究发现了人口规模与环境污染之间的倒"U"型联系（王家庭、王璇，2010；谢荣辉、原毅军，2016；焦若静，2015）

本书的研究结果发现，低碳约束下的最优城市规模为人口 50 万 ~ 100 万人的中等城市和人口在 500 万人以下的大城市。发展中等城市和 500 万人以下的城市，相比小城镇和特大及超大城市更有利于控制二氧化碳排放。

不同规模城市的产业集聚带来的规模收益是不同的。规模较大的城市的集

_____

① 数据来源：《中国城市统计年鉴》。

聚效应促进了效率的提高和专业化生产，带来了规模经济和收益递增，但随着规模的进一步扩张，反而增加了交易成本，造成了规模不经济。产业集聚通过提高能源利用效率实现了碳减排，但当集聚效应进一步增大时，就业人口规模增加产生的能源消费增长和碳排放上升效应越来越明显，部分抵消了产业集聚引起的能源节约和碳排放下降效应，导致产业集聚的碳减排效果递减。

因此，为了实现我国城镇化阶段的低碳发展，应促进人口向中等城市和500 万人以下的大城市集聚，提倡发展中等城市和人口在 500 万人以下的大城市。

7.2.4　发展城市绿色交通

交通部门的二氧化碳排放是中国碳排放的主要来源之一，其中，道路交通碳排放占总城镇交通碳排放的 80% 以上。随着城市镇化进程的加快和经济增长，居民个人可支配收入日益增加，交通消费支出占居民总消费开支的比例越来越高。居民小汽车保有量在中国城市迅猛增长。截至 2017 年 3 月底，全国机动车保有量突破 3 亿辆，其中汽车突破 2 亿辆，位居世界第二。汽车数量的增长和普遍使用，带来交通拥堵和能源消耗激增，导致环境问题日益尖锐。城镇人口的迅猛增加、城区面积的急剧扩张，加大了出行和通勤距离，增加了人们对小汽车的依赖，最终引致交通碳排放迅速增长。同时，在我国一些地区，低碳环保的机动车未实现普及，营运车辆中高污染、高排放的车辆占据较大比例。此外，我国清洁低碳的公共交通出行比例不高。2016 年北京市民乘坐公共交通工具通勤的比例为 40% ，而同时期香港和东京等城市公共交通的出行比例达到了 85% 。

"绿色交通"概念最先由加拿大学者布拉德肖（1994）提出，理念为"提倡绿色出行，减少交通拥堵，减少能源消耗"。"绿色交通"的核心思想为低碳交通。国内学术界对绿色交通的研究以人本说和约束说为主。"人本说"认为绿色交通应把人的移动放在中心位置，以实现人的移动为第一位，而车辆的移动排在人的后面。"约束说"认为绿色交通要重视能源和环境的约束，开展环境友好型的交通建设。绿色交通重视公共交通系统的通达和顺畅，鼓励交通工具广泛使用低碳环保型能源，从而实现保持环境质量、减少能源消耗和碳排放量。

在实现城市绿色交通方面，首先提倡优先发展公共交通，稳步推进轨道交通、快速公交等公交系统的建设，积极提升公交出行的便捷性和舒适度，开展智慧交通项目，在交通管理体系中纳入大数据、人工智能等高科技手段，完善共享平台建设。除了规模的扩张，更需要提升公共交通的效率和服务水平。近年来，多地地方政府已在轨道交通等公共交通上进行巨额的政府投资，但通过调查反馈，在目前已开通轨道交通的城市中，公交使用的比例非常低，原因主要在于"换乘难"。"换乘难"一方面是公交系统线网规划不合理带来的，另一方面是由于换乘环境和流线设计不合理。因此，城市交通应重点关注交通需求管理和慢行交通建设，逐步形成更加多元化的交通出行结构。中国很多城市具有较高的非机动车交通出行比例和深厚的自行车文化，鼓励自行车和步行等慢交通，有助于减少和替代高消耗、高污染的私人小汽车的高碳交通，实现发展绿色交通。

其次，完善车牌管理，提高车辆的拥有成本，控制汽车保有量过快增长。并通过减免税费和补贴等方式鼓励购买新能源汽车，以期降低污染排放。同时，向其他国家学习，以征收道路拥堵费等方式提高停车成本，以减少机动车出行。在居住区规划方面，设计适合于步行的社区路网体系，提供舒适安全的慢行环境。

再次，在交通工具中推广使用低碳和零碳燃料，降低交通能源消耗和碳排放。在 2017 年的 G20 汉堡峰会上，各国联手制定明确的燃油车禁售时间表：挪威和芬兰为 2025 年，德国和印度为 2030 年，英国和法国为 2040 年。在期限来临之前，全面禁售燃油车。① 根据发改委能源研究所的资料，我国实现交通近零排放的路径为：2025 年，纯电动、燃料电池小汽车的市场占有率为 100%；2035 年，大型车辆和船舶应用燃料电池；2035 年，飞机使用生物燃油，2040 年，燃料电池开始商业应用于飞机；其他运输工具的能源主要来源于电力。

鼓励步行和自行车等非机动的出行方式，优先发展公共交通，推广低碳和零碳燃料的普及使用，减少对小汽车依赖，共同构筑城市绿色交通体系，降低城市能耗和碳排放。

7.2.5　在城市规划中体现低碳发展，推动低碳城市建设

随着低碳城市概念的蓬勃兴起和低碳试点城市的积极探索，我国学者逐渐开始在城市规划中体现低碳理论，推动低碳城市建设。潘海啸（2013）提倡

---

① 资料来源：中国石化报，2017 - 8 - 2。

绿色交通体系,即交通 5D 模式,认为中国城市空间规划须将绿色交通纳入其中。通过城市设计如高密度和小街区的设计实现非机动车出行,建设轨道交通,减少机动化的交通出行,城市公共基础设施要选址在公共交通便利的区域。在土地使用政策上,支持以短路径出行为目标的土地混合使用,提倡保持适合行人与自行车使用的地块尺度,强调地块开发强度取决于公共交通的可达性。潘教授对美国城市建设的三个经典案例进行总结,指出城市规划应该致力于土地的集约和高效使用,以方便居民工作和生活。

吕斌和孙婷(2013)认为,功能空间的紧凑有利于减少城市交通碳排放,应建立紧凑的城市功能空间及与之相适应的城市土地开发模式。刘骏(2016)提出推进低碳城市建设的对策为:城市管理体制创新,城市产业结构升级,居民低碳生活意识增强,推广低碳技术的研发与应用。吴健生、许娜和张曦文(2016)提出,科学界定城市规模,避免城市无序扩张,因地制宜实现碳减排,完善碳交易市场,保障碳排放权交易的活跃开展。叶祖达(2017)认为,实现中国城市近零碳排放的发展模式要突破技术应用为核心的传统思维,迈向体制创新,引入动态监控碳排放机制。周枕戈、庄贵阳和陈迎(2018)提出推进低碳城市建设评价的重点为:完善评价程序、评价指标体系和评价方法,推广评价结果的应用。

建设低碳城市,要推动城镇产业从高碳产业向低碳产业升级,并充分发挥绿色技术和绿色金融的配套功能,加快传统产业的低碳转型,将低碳环保产业做大做强,构建技术含量高、低污染、低能耗的低碳产业体系,实现生产过程的环保节约。完成低碳城市的低碳产业升级,要把"存量优化"与"增量提升"结合起来。存量优化方面,依照国家法规和政策手段,对高污染、高能耗、高排放的产业进行低碳化改造。完善激励和约束机制,降低企业低碳转型的成本与风险,提高企业低碳转型的预期收益。形成和加快落后和高污染产能的淘汰和退出机制,鼓励其通过兼并重组等方式实现绿色环保转型。增量提升方面,制定与严格执行产业准入负面清单,提高环境准入门槛,限制"三高"产业发展。支持环境友好型产业的蓬勃发展,以带动相关产业的低碳转型。推进全产业链的低碳制造模式,在各种规模和不同行业的企业中全面推行绿色制造。作为低碳产业的排头兵,环保产业是以保护资源与环境为目的的新兴产业。推广低碳环保先进装备的生产与应用,扩展低碳标准覆盖范围,将环保产业做大做强。要大力支持生态旅游业发展,优化生态旅游模式,培育生态旅游市场。

建设低碳城市,要稳步推进已有建筑进行低碳化改造,推广新建绿色建筑。要努力提高建筑的节能水平，政府办公场所、学校、医院等建筑要率先执行绿色建筑标准，并逐步提高居住建筑节能标准。扩大低碳建筑市场规模，推动低碳建筑市场发展。完善低碳建筑全过程监督管理，实现新建建筑从设计到回收全过程的低碳与节能。

建设低碳城市，通过城市规划对城市空间进行合理布局，缓解城市地少、人多和能耗高的矛盾。要依据环境与资源的承载能力和经济发展实际，规划城市建设规模、开发强度和空间布局。整合土地规划，加强存量土地开发与土地精细化管理，推动产业集聚与企业集群发展，提高城镇土地利用效率。加快"三高"产业布局重组，通过布局调整、搬迁、技术减排，实现产业、人口与城市空间协调发展。

附录 1

二氧化碳排放估算系数

能源	平均低位发热量		折标煤系数		二氧化碳排放系数	
	值	单位	值	单位	值	单位
燃料煤	5 000	千卡/千克	0.714	千克/千克	1.98	千克/千克
原料煤	6300	千卡/千克	0.900	千克/千克	2.495	千克/千克
燃料油	10000	千卡/千克	1.429	千克/千克	3.239	千克/千克
煤气	4000	千卡/立方米	5.714	千克/立方米	0.743	千克/立方米
液化石油气	12000	千卡/千克	1.714	千克/立方米	3.169	千克/千克

资料来源：联合国政府间气候变化专门委员会（IPCC）。

附录 2

1978～2014 年中国碳排放、实际 GDP、碳强度

年份	碳排放（万吨）	实际 GDP（亿元）	碳强度（万吨/亿元）
1978	39873.7	3678.7	10.8
1979	40765.2	3958.3	10.3
1980	40010.7	4267.0	9.4
1981	39582.8	4484.6	8.8
1982	43094.1	4888.3	8.8
1983	45460.3	5416.2	8.4
1984	49493.0	6239.5	7.9
1985	53628.4	7075.5	7.6
1986	56421.3	7705.3	7.3
1987	60259.3	8606.8	7.0
1988	64616.9	9570.7	6.7
1989	65681.5	9972.7	6.6
1990	66605.7	10361.7	6.4
1991	69964.4	11325.2	6.2
1992	73369.4	12933.5	5.7
1993	78502.7	14731.2	5.3
1994	83399.0	16646.3	5.0
1995	90545.0	18477.4	4.9
1996	94439.3	20306.6	4.7
1997	94614.4	22174.9	4.3

年份	碳排放（万吨）	实际GDP（亿元）	碳强度（万吨/亿元）
1998	90655.7	23904.5	3.8
1999	90484.2	25745.1	3.5
2000	92860.1	27933.5	3.3
2001	95106.8	30251.9	3.1
2002	104997.8	33004.9	3.2
2003	123818.3	36305.4	3.4
2004	142719.9	39972.2	3.6
2005	160811.5	44529.0	3.6
2006	178055.4	50184.2	3.5
2007	191731.6	57310.4	3.3
2008	205974.1	62869.5	3.3
2009	218189.5	68779.2	3.2
2010	239324.8	76069.8	3.1
2011	265436.0	83296.5	3.2
2012	273481.7	89876.9	3.0
2013	279738.4	96887.3	2.9
2014	280663.4	103960.1	2.7

附录 3

部分地级市的原始数据

年份	城市	城市碳排放（万吨）	人口密度（人/平方公里）	年末城镇人口（万人）	人均地区生产总值实际值（元）	制造业占地区生产总值的比重（%）	人均城市道路面积（平方米）	居住密度（万人/平方千米）
2003	石家庄	5113.92	4629.17	211.09	28659.00	47.09	8.28	4.91
2004	石家庄	5696.06	4764.91	217.28	32184.06	46.34	9.00	4.73
2005	石家庄	5870.14	4915.57	224.15	36271.43	41.79	8.62	4.57
2006	石家庄	6303.13	5073.46	231.35	40841.63	36.00	8.91	4.68
2007	石家庄	7008.99	5213.38	237.73	45946.84	NA	11.18	4.69
2008	石家庄	6694.48	5278.95	240.72	50219.89	36.24	12.96	4.68
2009	石家庄	7887.35	5324.12	242.78	54890.34	29.32	15.71	4.28
2010	石家庄	8190.17	11449.30	243.87	60708.72	29.16	17.00	4.15
2011	石家庄	9375.24	8063.40	246.70	66597.46	31.44	17.07	4.04
2012	石家庄	10046.58	8074.84	247.10	72537.96	25.91	17.34	3.17
2013	石家庄	9648.93	8248.04	252.40	77978.31	26.02	18.07	2.80
2014	石家庄	10113.98	1818.86	408.00	82501.05	39.72	12.83	4.29
2015	石家庄	9975.83	1868.73	410.33	87533.61	37.89	13.08	4.27
2003	唐山	7027.62	2397.64	294.91	21220.00	60.69	5.60	5.36
2004	唐山	8861.42	2413.90	296.91	23830.06	61.66	6.00	5.34
2005	唐山	12454.46	2430.49	298.95	26856.48	61.97	6.51	5.25
2006	唐山	13913.98	2448.54	301.17	30240.39	61.38	8.04	5.09
2007	唐山	16033.63	2468.29	303.60	34020.44	58.26	8.41	5.14
2008	唐山	16567.63	2483.98	305.53	37184.34	58.71	8.56	5.00
2009	唐山	19931.97	2495.93	307.00	40642.49	59.69	8.88	4.64
2010	唐山	20803.00	2496.19	307.53	44950.59	60.84	9.69	4.51
2011	唐山	20604.37	2497.65	307.70	49310.80	61.12	9.79	5.29

续表

年份	城市	城市碳排放（万吨）	人口密度（人/平方公里）	年末城镇人口（万人）	人均地区生产总值实际值（元）	制造业占地区生产总值的比重（%）	人均城市道路面积（平方米）	居住密度（万人/平方千米）
2012	唐山	20742.12	2637.99	325.00	53709.32	59.67	9.35	4.57
2013	唐山	21044.59	781.83	302.90	57737.52	61.18	10.07	4.27
2014	唐山	23039.22	850.46	329.50	61086.30	57.92	9.40	4.64
2015	唐山	19667.76	730.21	334.28	64812.56	55.83	9.27	4.71
2003	秦皇岛	1559.18	2037.74	73.97	34039.00	36.30	14.90	4.29
2004	秦皇岛	1694.24	2090.91	75.90	38225.80	38.19	15.00	4.36
2005	秦皇岛	1762.14	2138.57	77.63	43080.47	37.01	14.90	4.43
2006	秦皇岛	1875.65	2173.00	78.88	48508.61	34.13	14.81	4.50
2007	秦皇岛	2363.87	2220.39	80.60	54572.19	36.48	16.40	4.44
2008	秦皇岛	2379.89	2253.72	81.81	59647.40	37.92	16.76	4.50
2009	秦皇岛	2594.46	2276.31	82.63	65194.61	39.17	17.23	4.14
2010	秦皇岛	2411.47	2379.61	86.38	72105.24	40.79	20.28	4.03
2011	秦皇岛	3188.28	1699.81	87.20	79099.45	37.31	21.11	3.97
2012	秦皇岛	3026.78	2408.54	87.40	86155.12	37.84	21.46	3.80
2013	秦皇岛	3625.59	1749.90	88.00	92616.75	38.72	21.59	3.52
2014	秦皇岛	4180.46	1745.81	89.60	97988.53	33.52	21.83	3.45
2015	秦皇岛	3635.69	661.35	140.53	103965.80	38.00	15.21	3.60
2003	邯郸	5308.01	3184.56	138.21	16840.00	77.21	8.37	4.11
2004	邯郸	5899.63	3205.53	139.12	18911.32	68.27	12.00	4.12
2005	邯郸	7129.99	3245.39	140.85	21313.06	68.65	12.13	4.17
2006	邯郸	7117.07	3322.35	144.19	23998.50	66.69	12.48	4.27
2007	邯郸	8126.04	3355.76	145.64	26998.32	66.77	13.29	4.21
2008	邯郸	7845.00	3379.49	146.67	29509.16	64.94	14.25	4.24
2009	邯郸	8298.06	3396.31	147.40	32253.51	61.76	16.36	3.90
2010	邯郸	9304.98	3413.59	148.15	35672.38	58.28	20.13	3.96
2011	邯郸	9653.87	3429.26	148.80	39132.60	55.32	21.39	3.77
2012	邯郸	9046.33	3552.52	148.10	42623.23	53.69	22.00	3.89

续表

年份	城市	城市碳排放（万吨）	人口密度（人/平方公里）	年末城镇人口（万人）	人均地区生产总值实际值（元）	制造业占地区生产总值的比重（%）	人均城市道路面积（平方米）	居住密度（万人/平方千米）
2013	邯郸	10237.95	3010.37	139.40	45819.97	53.43	22.65	3.49
2014	邯郸	9235.37	3759.18	174.10	48477.53	51.83	17.96	3.70
2015	邯郸	9307.88	3120.57	175.71	51434.66	49.22	17.99	3.51
2003	保定	1343.07	3058.33	95.42	20164.00	49.86	11.74	5.33
2004	保定	1774.37	3190.06	99.53	22644.17	49.76	12.00	4.53
2005	保定	2539.87	3227.88	100.71	25519.98	42.97	12.08	4.51
2006	保定	2549.75	3372.76	105.23	28735.50	43.11	12.12	5.17
2007	保定	2707.52	3400.00	106.08	32327.44	43.85	12.32	5.05
2008	保定	2690.90	3382.37	105.53	35333.89	55.80	12.87	2.74
2009	保定	3123.31	3405.45	106.25	38619.94	60.38	13.33	2.72
2010	保定	3424.23	3400.64	106.10	42713.65	59.89	16.15	2.65
2011	保定	3941.78	3463.46	108.10	46856.88	65.07	17.86	2.65
2012	保定	3618.78	3472.12	108.30	51036.51	66.23	18.28	2.56
2013	保定	2371.49	3269.72	106.90	54864.25	64.81	22.79	2.49
2014	保定	2517.79	3377.68	110.50	58046.38	60.74	22.76	2.51
2015	保定	2543.72	1099.42	282.25	61587.21	56.11	13.74	3.44
2003	太原	7098.12	1714.18	250.27	16496.00	50.35	7.88	6.82
2004	太原	6925.94	1745.07	254.78	18887.92	52.59	8.00	6.77
2005	太原	7792.93	1801.64	263.04	21135.58	44.52	8.73	6.99
2006	太原	8211.62	1855.82	270.95	23502.77	44.90	8.70	6.84
2007	太原	10554.54	1895.82	276.79	26722.65	49.84	8.40	6.60
2008	太原	10822.22	1926.64	281.29	28833.74	48.00	8.28	6.28
2009	太原	10126.79	1953.15	285.16	30246.59	43.04	8.27	6.07
2010	太原	11809.50	1952.12	285.01	33634.21	43.70	10.00	5.94
2011	太原	6738.99	1923.25	283.70	37132.16	44.06	9.70	5.16
2012	太原	6681.11	1926.31	284.10	40696.85	43.51	10.22	4.58
2013	太原	6311.48	1899.60	284.90	44095.04	42.55	12.53	4.38

续表

年份	城市	城市碳排放（万吨）	人口密度（人/平方公里）	年末城镇人口（万人）	人均地区生产总值实际值（元）	制造业占地区生产总值的比重（%）	人均城市道路面积（平方米）	居住密度（万人/平方千米）
2014	太原	5877.80	1917.47	287.60	46017.58	39.03	13.70	4.42
2015	太原	6426.91	1900.00	285.09	47214.04	36.55	14.52	4.19
2003	大同	2718.15	672.60	139.90	14611.00	60.75	7.09	5.42
2004	大同	2963.81	685.63	142.61	16729.60	63.20	7.00	5.42
2005	大同	2815.61	691.44	143.82	18720.42	56.13	6.35	5.38
2006	大同	2945.21	716.59	149.05	20817.10	54.63	6.16	5.60
2007	大同	3491.82	727.93	151.41	23669.05	54.10	8.12	5.71
2008	大同	3911.00	737.36	153.37	25538.90	53.88	8.07	5.06
2009	大同	4545.79	743.70	154.69	26790.31	51.14	9.59	4.73
2010	大同	5843.82	749.57	155.91	29790.82	51.89	11.33	4.43
2011	大同	6075.84	752.64	156.60	32889.07	53.79	12.11	4.45
2012	大同	5891.72	753.70	156.80	36046.42	53.87	12.80	4.45
2013	大同	5686.94	849.18	176.60	39056.29	50.07	11.47	5.05
2014	大同	5922.99	853.51	177.50	40759.15	47.41	11.43	4.13
2015	大同	5962.81	754.81	156.98	41818.89	45.09	13.11	3.65
2003	阳泉	2184.62	946.94	64.96	14089.00	61.28	5.60	4.50
2004	阳泉	2315.25	952.77	65.36	16131.91	62.74	6.00	4.52
2005	阳泉	2750.67	956.85	65.64	18051.60	55.91	6.21	4.73
2006	阳泉	2760.60	968.22	66.42	20073.38	59.04	6.74	5.50
2007	阳泉	3150.10	979.74	67.21	22823.43	59.17	6.73	5.50
2008	阳泉	3152.90	1044.85	68.02	24626.49	61.56	6.73	4.63
2009	阳泉	3021.08	1054.60	68.76	25833.18	55.43	7.93	4.67
2010	阳泉	2710.65	1060.12	69.12	28726.50	57.07	8.41	4.65
2011	阳泉	2755.72	1068.71	69.70	31714.06	56.61	8.48	4.73
2012	阳泉	2732.21	1076.84	70.20	34758.61	55.30	8.59	4.64
2013	阳泉	2655.68	1083.59	70.70	37660.95	53.77	8.65	4.71
2014	阳泉	2446.91	1086.66	70.90	39302.97	49.73	8.75	4.43

续表

年份	城市	城市碳排放（万吨）	人口密度（人/平方公里）	年末城镇人口（万人）	人均地区生产总值实际值（元）	制造业占地区生产总值的比重（%）	人均城市道路面积（平方米）	居住密度（万人/平方千米）
2015	阳泉	2279.91	1073.62	70.02	40324.84	45.54	9.18	4.38
2003	长治	4278.33	1987.43	66.38	17132.00	67.62	4.81	6.01
2004	长治	4210.72	1980.24	66.14	19616.14	69.92	5.00	5.58
2005	长治	5652.21	2026.35	67.68	21950.46	46.36	5.18	5.53
2006	长治	7708.38	2056.59	68.69	24408.91	43.66	5.21	5.46
2007	长治	10887.50	2041.92	68.20	27752.93	50.13	7.93	5.18
2008	长治	10091.05	2080.84	69.50	29945.41	51.33	6.10	5.21
2009	长治	10529.11	2089.82	69.80	31412.74	49.41	6.73	4.98
2010	长治	13304.58	2176.95	72.71	34930.97	48.19	6.51	5.10
2011	长治	5221.56	2188.92	73.10	38563.79	49.96	7.02	5.00
2012	长治	5459.81	2116.77	70.70	42265.91	51.22	7.88	4.71
2013	长治	5411.22	2125.15	71.00	45795.12	50.72	5.37	4.44
2014	长治	5232.87	2214.67	74.00	47791.78	47.80	8.90	4.63
2015	长治	4723.49	2185.63	73.47	49034.37	43.27	10.02	4.32
2003	临汾	7273.06	583.59	76.80	8959.00	55.11	4.93	5.43
2004	临汾	6887.35	594.00	78.17	10258.06	57.28	3.00	5.41
2005	临汾	8718.79	594.30	78.21	11478.76	47.93	3.44	5.32
2006	临汾	10863.46	594.60	78.25	12764.39	47.72	4.01	5.33
2007	临汾	11687.82	614.74	80.90	14513.11	47.38	4.92	5.51
2008	临汾	12503.53	624.85	82.23	15659.64	43.41	5.73	5.60
2009	临汾	10640.15	632.98	83.30	16426.96	37.58	5.70	4.46
2010	临汾	10270.98	635.11	83.58	18266.78	38.80	6.02	5.22
2011	临汾	4994.44	638.75	84.10	20166.53	41.24	6.01	4.67
2012	临汾	4681.04	612.16	80.60	22102.52	39.01	6.33	3.67
2013	临汾	5276.75	612.16	80.60	23948.08	32.48	6.55	3.66
2014	临汾	4950.45	612.54	80.60	24992.21	28.72	7.89	3.66
2015	临汾	4691.20	615.50	80.93	25642.01	22.34	8.81	5.06

附录 4

部分省份、直辖市原始数据

年份	省份	交通碳排放（万吨）	城市人口密度（人/平方公里）	碳强度（万吨/亿元）	城市公共交通汽车数量（辆）	出租汽车运营数（辆）	每万人拥有公共交通车辆（标台）	人均城市道路面积（平方米）
2000	天津	540.51	1383.00	0.33	5382.00	31939.00	10.85	8.66
2001	天津	553.91	1388.00	0.30	5836.00	31939.00	10.80	10.30
2002	天津	594.71	831.00	0.29	5821.00	31939.00	9.30	8.50
2003	天津	678.14	841.00	0.29	6066.00	31939.00	9.40	8.80
2004	天津	761.62	852.00	0.28	6331.00	31939.00	10.70	9.30
2005	天津	758.80	863.50	0.24	6884.00	31939.00	11.20	10.40
2006	天津	806.88	2590.10	0.22	7581.00	31940.00	14.23	13.98
2007	天津	795.29	2912.00	0.19	7717.00	31939.00	12.72	11.94
2008	天津	897.99	2858.00	0.18	8142.00	31939.00	14.33	14.39
2009	天津	959.55	2716.00	0.17	8118.00	31940.00	15.40	13.76
2010	天津	1067.75	2752.00	0.16	7413.00	31940.00	12.00	14.89
2011	天津	1066.00	2636.00	0.14	7954.00	31940.00	15.19	17.05
2012	天津	1241.96	2782.00	0.14	9031.00	31940.00	17.34	17.88
2013	天津	1032.91	2843.00	0.10	10296.00	31940.00	18.99	18.74
2014	天津	1099.50	3328.00	0.10	11770.00	31940.00	18.14	16.71
2015	天津	1203.35	3492.00	0.10	12245.00	31940.00	16.30	16.0
2016	天津	1263.52	3639.00	0.10	13655.00	31940.00	18.09	15.
2000	河北	670.96	1815.00	0.13	7413.00	41324.00	7.97	10
2001	河北	668.57	2027.00	0.12	8307.00	40768.00	8.40	
2002	河北	677.98	2039.00	0.11	8702.00	43179.00	6.50	
2003	河北	726.60	2057.00	0.11	8913.00	42006.00	6.65	
2004	河北	1044.33	2107.00	0.14	9893.00	43329.00	6.90	

续表

年份	省份	交通碳排放（万吨）	城市人口密度（人/平方公里）	碳强度（万吨/亿元）	城市公共交通汽车数量（辆）	出租汽车运营数（辆）	每万人拥有公共交通车辆（标台）	人均城市道路面积（平方米）
2005	河北	1719.17	2131.90	0.20	10429.00	44527.00	7.20	12.20
2006	河北	1827.85	2443.80	0.19	12048.00	47435.00	8.05	12.38
2007	河北	1913.46	2376.00	0.17	13407.00	47538.00	8.98	13.59
2008	河北	1921.72	2375.00	0.16	14331.00	47822.00	9.79	14.49
2009	河北	1875.41	2344.00	0.14	13531.00	46597.00	9.00	15.32
2010	河北	2211.14	2354.00	0.15	14630.00	46016.00	9.50	17.35
2011	河北	2204.59	2362.00	0.13	15503.00	47441.00	10.44	17.84
2012	河北	2476.86	2411.00	0.13	16493.00	49130.00	11.29	17.84
2013	河北	2612.23	2483.00	0.13	17498.00	49792.00	12.62	18.22
2014	河北	2506.13	2540.00	0.12	15977.00	50435.00	11.34	18.49
2015	河北	2523.65	2646.00	0.11	18927.00	51407.00	12.94	18.65
2016	河北	2940.52	2659.00	0.12	21479.00	53034.00	13.68	18.91
2000	山西	528.34	761.00	0.32	2958.00	27638.00	4.69	8.91
2001	山西	658.13	787.00	0.36	3244.00	28044.00	5.10	10.70
2002	山西	737.79	851.00	0.36	3481.00	26062.00	3.80	6.20
2003	山西	806.70	860.00	0.34	3832.00	26849.00	4.12	6.66
2004	山西	871.19	1566.00	0.32	4171.00	26698.00	4.76	7.30
2005	山西	1129.35	1587.80	0.37	4565.00	29842.00	5.25	7.90
2006	山西	1284.95	2487.80	0.37	5646.00	27511.00	5.73	9.06
2007	山西	1374.42	2914.00	0.34	5982.00	27658.00	6.62	8.55
2008	山西	2031.70	2918.00	0.47	6231.00	28475.00	6.85	9.54
2009	山西	2002.10	2931.00	0.44	6655.00	28729.00	7.10	10.02
2010	山西	1954.33	2890.00	0.37	6609.00	28848.00	6.81	10.66
2011	山西	1949.26	2977.00	0.33	7226.00	29116.00	7.87	11.21
2012	山西	2149.27	3028.00	0.33	7851.00	29700.00	8.47	11.79
2013	山西	2251.96	3526.00	0.32	8957.00	34906.00	9.90	12.88
2014	山西	2260.17	3974.00	0.30	8301.00	30401.00	8.85	13.34

续表

年份	省份	交通碳排放（万吨）	城市人口密度（人/平方公里）	碳强度（万吨/亿元）	城市公共交通汽车数量（辆）	出租汽车运营数（辆）	每万人拥有公共交通车辆（标台）	人均城市道路面积（平方米）
2015	山西	2436.82	3920.00	0.32	8153.00	30696.00	8.53	13.52
2016	山西	2560.29	3908.00	0.32	8895.00	30690.00	9.42	14.77
2000	内蒙古	448.12	289.00	0.32	2128.00	28856.00	3.92	6.88
2001	内蒙古	410.46	503.00	0.26	2476.00	29924.00	4.20	8.50
2002	内蒙古	436.00	508.00	0.25	2716.00	23097.00	3.90	7.60
2003	内蒙古	453.31	537.00	0.22	2849.00	30789.00	4.01	8.62
2004	内蒙古	782.22	545.00	0.31	3314.00	31133.00	5.21	9.40
2005	内蒙古	1525.53	538.40	0.49	3594.00	32508.00	5.61	10.10
2006	内蒙古	1655.77	597.80	0.45	4124.00	33775.00	6.08	10.34
2007	内蒙古	1902.24	622.00	0.43	4611.00	36047.00	6.90	12.23
2008	内蒙古	2193.25	649.00	0.42	5343.00	36517.00	7.50	12.76
2009	内蒙古	2550.44	951.00	0.42	5558.00	43084.00	7.50	13.62
2010	内蒙古	2833.54	981.00	0.41	5771.00	37131.00	6.90	14.89
2011	内蒙古	2831.49	764.00	0.36	5646.00	37520.00	7.20	15.77
2012	内蒙古	3711.49	1032.00	0.42	5586.00	37778.00	7.05	17.67
2013	内蒙古	3015.86	1059.00	0.31	6721.00	38120.00	8.57	19.69
2014	内蒙古	3032.09	1291.00	0.29	6836.00	38347.00	9.01	21.10
2015	内蒙古	3027.04	1629.00	0.27	6877.00	39359.00	9.10	22.61
2016	内蒙古	2005.09	1822.00	0.17	8000.00	45499.00	10.26	23.45
2000	辽宁	1161.77	1172.00	0.25	13136.00	75389.00	8.46	6.47
2001	辽宁	1578.31	1236.00	0.31	14456.00	75415.00	9.10	8.50
2002	辽宁	1588.03	1246.00	0.28	15601.00	79086.00	7.80	7.10
2003	辽宁	1508.62	1244.00	0.24	16324.00	83730.00	8.18	7.35
2004	辽宁	1652.91	1256.00	0.23	17080.00	84578.00	8.64	7.70
2005	辽宁	2674.22	1242.70	0.34	17669.00	81020.00	8.90	7.90
2006	辽宁	2919.27	2271.00	0.32	18000.00	78510.00	9.28	8.50
2007	辽宁	3187.15	1945.00	0.31	18848.00	79365.00	10.02	9.60

年份	省份	交通碳排放（万吨）	城市人口密度（人/平方公里）	碳强度（万吨/亿元）	城市公共交通汽车数量（辆）	出租汽车运营数（辆）	每万人拥有公共交通车辆（标台）	人均城市道路面积（平方米）
2008	辽宁	3233.08	1916.00	0.27	19580.00	80376.00	10.58	9.95
2009	辽宁	3382.42	1922.00	0.25	18955.00	77295.00	10.30	10.41
2010	辽宁	3488.03	1814.00	0.23	19770.00	79890.00	9.35	11.19
2011	辽宁	3479.55	1712.00	0.20	20514.00	79248.00	11.03	11.27
2012	辽宁	4007.37	1624.00	0.21	20968.00	79868.00	11.11	11.55
2013	辽宁	3801.12	1663.00	0.19	21387.00	79607.00	11.19	12.09
2014	辽宁	4032.76	1615.00	0.19	21872.00	80951.00	11.79	12.75
2015	辽宁	4237.96	1590.00	0.19	22358.00	80997.00	12.30	13.43
2016	辽宁	4403.39	1485.00	0.20	22950.00	80743.00	12.91	13.01
2000	吉林	438.32	836.00	0.24	7158.00	44000.00	7.82	6.23
2001	吉林	440.07	816.00	0.22	7433.00	48542.00	7.90	7.20
2002	吉林	441.68	822.00	0.20	8026.00	47780.00	6.60	5.90
2003	吉林	472.26	756.00	0.20	8293.00	50249.00	7.10	6.80
2004	吉林	494.58	771.00	0.18	8377.00	53744.00	7.10	6.80
2005	吉林	737.38	785.40	0.24	8283.00	49239.00	7.30	7.78
2006	吉林	798.55	1546.80	0.23	8731.00	50282.00	7.65	8.51
2007	吉林	976.04	1504.00	0.24	9185.00	55456.00	8.68	9.56
2008	吉林	1100.54	1368.00	0.24	9846.00	55365.00	9.27	10.39
2009	吉林	1097.85	1396.00	0.21	10187.00	53472.00	9.56	10.94
2010	吉林	1178.59	1449.00	0.19	10421.00	54933.00	9.75	12.39
2011	吉林	1175.31	2371.00	0.17	10521.00	54922.00	9.31	11.90
2012	吉林	1245.99	2878.00	0.16	10912.00	55457.00	9.75	12.61
2013	吉林	2163.80	3135.00	0.26	11253.00	55096.00	10.21	13.61
2014	吉林	2173.12	3171.00	0.24	11723.00	55725.00	10.32	14.62
2015	吉林	1709.26	3193.00	0.18	12057.00	56447.00	10.62	14.52
2016	吉林	1691.40	2231.00	0.17	11670.00	56413.00	10.26	14.98

参 考 文 献

[1] [美] 阿瑟·奥莎利文. 城市经济学 [M]. 周京奎, 译. 北京: 北京大学出版社, 2015.

[2] 北京工业节能减排技术促进中心. 中国工业节能进展报告 2008 [R]. 北京: 化学工业出版社, 2009.

[3] 蔡博峰, 曹东, 刘兰翠等. 中国交通二氧化碳排放研究 [J]. 气候变化研究进展, 2011 (3).

[4] 蔡之兵, 张可云. 中国城市规模体系与城市发展战略? [J]. 经济理论与经济管理, 2015 (8).

[5] 曹静. 走低碳发展之路: 中国碳税政策的设计及 CGE 模型分析 [J]. 金融研究, 2009 (12).

[6] 陈海燕, 贾倍思. 紧凑还是分散? ——对中国城市在加速城市化进程中发展方向的思考 [J]. 城市规划, 2006 (5).

[7] 陈佳贵, 黄群慧等. 中国工业化报告——对我国 15 个重点工业行业现代化水平的分析与研究 [M]. 北京: 社会科学文献出版社, 2009.

[8] 陈立泰, 张祖妞. 我国服务业空间集聚水平测度及影响因素研究 [J]. 中国科技论坛, 2010 (9).

[9] 陈诗一, 吴若沉. 经济转型中的结构调整、能源强度降低与二氧化碳减排: 全国及上海的比较分析 [J]. 上海经济研究, 2011 (4).

[10] 陈诗一. 能源消耗、二氧化碳排放与中国工业的可持续发展 [J]. 经济研究, 2009 (4).

[11] 陈诗一. 中国各地区低碳经济转型进程评估 [J]. 经济研究, 2012 (8).

[12] 陈伟民, 蒋华园. 城市规模效益及其发展政策 [J]. 财经科学, 2000 (4).

[13] 陈迅, 吴兵. 经济增长、城镇化与碳排放关系实证研究——基于中国、美国的经验 [J]. 经济问题探索, 2014 (7).

[14] 陈媛媛. 工业集聚对行业清洁生产与末端治理的影响 [J]. 南方经

济，2011 (5).

[15] 陈柳钦，黄坡. 产业集群与城市化分析——基于外部性视角 [J].
西华大学学报 (哲学社会科学版)，2007 (2).

[16] 成艾华. 技术进步、结构调整于中国工业减排——基于环境效应分
解模型的分析 [J]. 中国人口·资源与环境，2011 (3).

[17] 崔百胜，朱麟. 基于内生增长理论与 GVAR 模型的能源消费控制目
标下经济增长与碳减排研究 [J]. 中国管理科学，2016，24 (1).

[18] 杜立民. 我国二氧化碳排放的影响因素：基于省级面板数据的研究
[J]. 南方经济，2010 (11).

[19] 樊建强，徐海成. 城市交通拥挤收费问题探析 [J]. 价格理论与实
践，2006 (3).

[20] 范红忠，岳文涛. 城市规模与中国工业企业生产效率 [J]. 工业技
术经济，2015 (10).

[21] 范剑勇. 产业集聚与地区间劳动生产率差异 [J]. 经济研究，2006
(11).

[22] 冯云廷. 城市集聚经济———般理论及其对中国城市化问题的应用分
析 [M]. 大连：东北财经大学出版社，2001.

[23] 傅红春，金俐，金琳. 幸福框架下的最优城市规模 [J]. 城市问题，
2016 (2).

[24] 付云鹏，马树才，宋琪. 基于空间计量的人口规模、结构、对环境
的影响效应研究 [J]. 经济经纬，2016，33 (5).

[25] 高鹏飞，陈文颖. 碳税与碳排放 [J]. 清华大学学报 (自然科学
版)，2002 (10).

[26] 辜胜阻，李行，吴华君. 新时代推进绿色城镇化发展的战略思考
[J]. 北京工商大学学报 (社会科学版)，2018，33 (4).

[27] 关海玲，陈建成，曹文. 碳排放与城市化关系的实证 [J]. 中国人
口·资源与环境，2013 (4).

[28] 郭朝先. 中国碳排放因素分解：基于 LMDI 分解技术 [J]. 中国人
口·资源与环境，2010 (12).

[29] 郭进，徐盈之. 基于技术进步视角的我国碳锁定与碳解锁路径研究
[J]. 中国科技论坛，2015 (1).

[30] 郭郡郡，刘成玉，刘玉萍. 城镇化、大城市化与碳排放——基于跨
国数据的实证研究 [J]. 城市问题，2013 (2).

[31] 韩坚，盛培宏．产业结构、技术创新与碳排放实证研究——基于我国东部 15 个省（市）面板数据 [J]．上海经济研究，2014（8）．

[32] 韩笋生，秦波．借鉴"紧凑城市"理念，实现我国城市的可持续发展 [J]．国际城市规划，2004（6）．

[33] 何小钢，王自力．能源偏向型技术进步与绿色增长转型——基于中国 33 个行业的实证考察 [J]．中国工业经济，2015（2）．

[34] 何小钢，张耀辉．中国工业碳排放影响因素与 EKC 重组效应——基于 STIRPAT 模型的分行业动态面板数据实证研究 [J]．中国工业经济，2012（1）．

[35] 贺菊煌，沈可挺，徐嵩龄．碳税与二氧化碳减排的 CGE 模型 [J]．数量经济技术经济研究，2002，19（10）．

[36] 侯凤岐．我国区域经济集聚的环境效应研究 [J]．西北农林科技大学学报（社会科学版），2008（5）．

[37] 纪良纲，陈晓永．城市化与产业集聚互动发展研究 [M]．北京：冶金工业出版社，2005．

[38] 焦若静．人口规模、城市化与环境污染的关系——基于新兴经济体国家面板数据的分析 [J]．城市问题，2015（5）．

[39] 江玉林，姜克隽．中国城市交通节能政策研究 [M]．北京：人民交通出版社，2009．

[40] 金培振，张亚斌，彭星．技术进步在二氧化碳减排中的双刃效应——基于中国工业 35 个行业的经验证据 [J]．科学学研究，2014，32（5）．

[41] 金荣学，卢忠宝．我国服务业集聚的测度、地区差异与影响因素研究 [J]．财政研究，2010（10）．

[42] 孔东民．通货膨胀阻碍了金融发展与经济增长吗？——基于一个门槛回归模型的新检验 [J]．数量经济技术经济研究，2007（10）．

[43] 雷鹏．制造业产业集聚与区域经济增长的实证研究 [J]．上海经济研究，2011（1）．

[44] 李继峰，张亚雄．基于 CGE 模型定量分析国际贸易绿色壁垒对我国经济的影响——以发达国家对我国出口品征收碳关税为例 [J]．国际贸易问题，2012（5）．

[45] 李科．中国产业结构与碳排放量关系的实证检验——基于动态面板平滑转换模型的分析 [J]．数理统计与管理，2014，33（3）．

[46] 李思慧．产业集聚、人力资本与企业能源效率：以高新技术企业为

例 [J]. 财贸经济，2011 (9).

[47] 李顺成. 紧凑城市：城市规划的新路径 [J]. 决策探索，2016 (10).

[48] 李伟娜. 产业集聚、环境污染与区域协调发展研究 [J]. 现代管理科学，2010 (3).

[49] 李廉水，周勇. 技术进步能提高能源效率吗？——基于中国工业部门的实证检验 [J]. 管理世界，2006 (10).

[50] 李楠，邵凯，王前进. 中国人口结构对碳排放影响研究 [J]. 中国人口·资源与环境，2011 (6).

[51] 李迅，曹广忠，徐文珍等. 中国低碳生态城市发展战略 [J]. 城市发展研究，2010，17 (6).

[52] 李艳梅，杨涛. 中国 CO_2 排放强度下降的结构分解——基于 1997 年—2007 年的投入产出分析 [J]. 资源科学，2011 (4).

[53] 李勇、王满仓. 资本监管、货币政策与商业银行效率非对称效应——基于面板门限回归模型的再检验 [J]. 经济评论，2012 (2).

[54] 连玉君，苏治，丁志国. 现金—现金流敏感性能检验融资约束假说吗？[J]. 统计研究，2008，25 (10).

[55] 梁婧，张庆华，龚六堂. 城市规模与劳动生产率：中国城市规模是否过小？[J]. 经济学季刊，2016 (4).

[56] 陆根尧，盛龙. 产业集聚与城市化互动发展机制研究：理论与实证 [J]. 发展研究，2012 (10).

[57] 林伯强，蒋竺均. 中国二氧化碳的环境库兹涅茨曲线预测及影响因素分析 [J]. 管理世界，2009 (4).

[58] 林伯强，李爱军. 碳关税的合理性何在？[J]. 经济研究，2012 (11).

[59] 林伯强，李爱军. 碳关税对发展中国家的影响 [J]. 金融研究，2010 (12).

[60] 林伯强，刘希颖. 中国城市化阶段的碳排放：影响因素和减排策略 [J]. 经济研究，2010 (8).

[61] 林伯强，黄光晓. 梯度发展模式下中国区域碳排放的演化趋势——基于空间分析的视角 [J]. 金融研究，2011 (12).

[62] 刘骏. 我国低碳城市发展战略研究 [J]. 科技进步与对策，2016 (1).

[63] 林目轩，何琼峰，陈秋分等. 城市合理规模的理论探讨和实证——以长沙市区为例 [J]. 经济地理，2007，27 (1).

[64] 林善浪，张作雄，刘国平. 技术创新、空间集聚与区域碳生产率

[J]. 中国人口·资源与环境, 2013 (5).

[65] 刘梦琴, 刘轶俊. 中国城市化发展与碳排放关系——基于30个省区数据的实证研究 [J]. 城市发展研究, 2011, 18 (11).

[66] 刘修岩. 集聚经济与劳动生产率: 基于中国城市面板数据的实证研究 [J]. 数量经济技术经济研究, 2009 (7).

[67] 龙惟定, 白玮, 梁浩等. 低碳城市的能源系统 [J]. 暖通空调, 2009, 39 (8).

[68] 卢祖丹, 张陶新, 周跃云, 赵先超. 中国城市低碳交通建设的现状与途径分析 [J]. 城市发展研究, 2011 (1).

[69] 陆小成. 新型城镇化的低碳创新道路研究 [J]. 广西社会科学, 2014 (11).

[70] 罗良文, 李珊珊. 技术进步、产业结构与中国工业碳排放 [J]. 科研管理, 2014, 35 (6).

[71] 吕斌, 孙婷. 低碳视角下城市空间形态紧凑度研究 [J]. 地理研究, 2013 (6).

[72] 马春辉. 产业集群的发展与城市化——以长江、珠江三角洲为例 [J]. 经济问题, 2004 (3).

[73] 毛丽芹, 韩国栋. 低碳经济模式下我国城市化发展的新思路 [J]. 经济问题, 2011 (2).

[74] 乜敏, 赵洪海. 产业集聚是否促进了低碳发展 [J]. 经济与管理, 2013 (6).

[75] 潘海啸等. 中国"低碳经济"的空间规划策略 [J]. 城市规划学刊, 2008 (6).

[76] 潘海啸. 面向低碳的城市空间结构 [J]. 城市发展研究, 2010 (1).

[77] 潘海啸. 空间规划对城市机动化的环境影响与策略理性 [J]. 上海城市管理, 2013 (5).

[78] 潘海啸. 美国城市建设中交通与土地使用规划新策略的启示 [J]. 城市交通, 2013 (1).

[79] 潘家华, 梁本凡, 熊娜, 齐国占. 低碳城镇化的宏观路径 [J]. 环境保护, 2014 (1).

[80] 潘雄锋, 舒涛, 徐大伟. 中国制造业碳排放强度变动及其因素分解 [J]. 中国人口·资源与环境, 2011 (5).

[81] 齐志新, 陈文颖, 吴宗鑫. 工业轻重结构变化对能源消费的影响

[J]. 中国工业经济，2007（2）.

　　[82] 齐志新，陈文颖. 结构调整还是技术进步？——改革开放后我国能源效率提高的因素分析 [J]. 上海经济研究，2006（6）.

　　[83] 秦波、邵然. 低碳城市与空间结构优化：理念、实证和实践 [J]. 国际城市规划，2011（3）.

　　[84] 申萌，李凯杰，曲如晓. 技术进步、经济增长与二氧化碳排放：理论和经验研究 [J]. 世界经济，2012（7）.

　　[85] 沈飞，俞武扬. 产业集群与区域城市化进程关联的固定效应模型实证研究 [J]. 经济与管理，2013，27（1）.

　　[86] 沈能，王艳，王群伟. 集聚外部性与碳生产率空间趋同研究 [J]. 中国人口·资源与环境，2013（12）.

　　[87] 石洪景. 城市居民低碳消费行为及影响因素研究——以福建省福州市为例 [J]. 资源科学，2015，37（2）.

　　[88] 师博，沈坤荣. 政府干预、经济集聚与能源效率 [J]. 管理世界，2013（10）.

　　[89] 宋德勇，张纪录. 中国城市低碳发展的模式选择 [J]. 中国人口·资源与环境，2012，22（1）.

　　[90] 宋德勇，徐安. 中国城镇碳排放的区域差异和影响因素 [J]. 中国人口·资源与环境，2011（11）.

　　[91] 苏明、傅志华、许文等. 我国开征碳税的效果预测和影响评价 [J]. 经济研究参考，2009（72）.

　　[92] 苏雪串. 城市化进程中的要素集聚、产业集群和城市群发展 [J]. 中央财经大学学报，2004（1）.

　　[93] 孙德超，曹志立. 政府引导低碳消费方式的障碍与消解路径探析 [J]. 福建师范大学学报（哲学社会科学版），2015（1）.

　　[94] 孙慧宗，李久明. 中国城市化与 CO_2 排放的协整分析 [J]. 人口学刊，2010（6）.

　　[95] 孙久文，张超磊，闫昊生. 中国的城市规模过大么——基于 273 个城市的实证分析 [J]. 财经科学，2015（9）.

　　[96] 孙焱林，李华磊. 中国消减碳强度的路径选择：国际比较的视角 [J]. 经济学家，2015（2）.

　　[97] 涂正革. 中国的碳减排路径与战略选择——基于八大行业部门碳排放量的指数分解分析 [J]. 中国社会科学，2012（3）.

［98］涂正革，谌仁俊．排污权交易机制在中国能否实现波特效应？［J］．经济研究，2015（7）.

［99］王芳，周兴．人口结构、城镇化与碳排放——基于跨国面板数据的实证研究［J］．中国人口科学，2012（2）.

［100］王锋，吴丽华，杨超．中国经济发展中碳排放增长的驱动因素研究［J］．经济研究，2010（2）.

［101］王桂新，武俊奎．城市规模与空间结构对碳排放的影响［J］．城市发展研究，2012（3）.

［102］王家庭，王璇．我国城市化与环境污染的关系研究——基于28个省市面板数据的实证分析［J］．城市问题，2010（11）.

［103］王金南、严刚、姜克隽等．应对气候变化的中国碳税政策研究［J］．中国环境科学，2009（1）.

［104］王海宁，陈媛媛．产业集聚效应与工业能源效率研究：基于中国25个工业行业的实证分析［J］．财经研究，2010（9）.

［105］王群伟，周鹏，周德群．我国二氧化碳排放绩效的动态变化、区域差异及影响因素［J］．中国工业经济，2010（1）.

［106］王文举，向其凤．中国产业结构调整及其节能减排潜力评估［J］．中国工业经济，2014（1）.

［107］王小鲁、夏小林．优化城市规模推动经济增长［J］．经济研究，1999（9）.

［108］王小鲁．中国城市化路径与城市规模的经济学分析［J］．经济研究，2010（10）.

［109］魏涛远，［挪威］格罗姆斯洛德．征收碳税对中国经济与温室气体排放的影响［J］．世界经济与政治，2002（8）.

［110］魏巍贤，杨芳．技术进步对中国二氧化碳排放的影响［J］．统计研究，2010，27（7）.

［111］文雯，王奇．城市人口规模与环境污染之间的关系［J］．城市问题，2017（9）.

［112］吴敬琏．经济转型说了27年，什么时候能够真正转变？［N］．南方周末，2010 - 6 - 4.

［113］吴健生，许娜，张曦文．中国低碳城市评价与空间格局分析［J］．地理科学进展，2016（2）.

［114］吴巧生，成金华．中国工业化中的能源消耗强度变动及因素分析——

基于分解模型的实证分析 [J]. 财经研究, 2006, 32 (6).

　　[115] 吴文化. 我国交通运输行业能源消费和排放与典型国家的比较 [J]. 中国能源, 2007 (10).

　　[116] 吴遵. 气候变暖背景下的中国碳排放的时间演变轨迹及区域特征 [D]. 中国科学技术大学, 2013.

　　[117] 肖周燕. 中国城市化发展阶段与 CO_2 排放的关系研究 [J]. 中国人口·资源与环境, 2011, 21 (12).

　　[118] 谢荣辉, 原毅军. 产业集聚动态演化的污染减排效应研究——基于中国地级市面板数据的实证检验 [J]. 经济评论, 2016 (2).

　　[119] 许广月, 宋德勇. 我国出口贸易、经济增长与碳排放关系的实证研究 [J]. 国际贸易问题, 2010 (1).

　　[120] 徐璐, 张明龙. 产业空间集聚与城市化的互动关系研究 [J]. 北方经济, 2005 (3).

　　[121] 薛智韵. 中国制造业 CO_2 排放估计及其指数分解分析 [J]. 经济问题, 2011 (3).

　　[122] 杨国锐. 低碳城市发展路径与制度创新 [J]. 城市问题, 2010 (7).

　　[123] 姚士谋, 陆大道, 王成新. 我国新型城镇化的若干策略问题探讨 [J]. 现代城市, 2014 (4).

　　[124] 叶玉瑶, 陈伟莲, 苏泳娴, 吴旗韬. 城市空间结构对碳排放影响的研究进展 [J]. 热带地理, 2012 (5).

　　[125] 易艳春, 关卫军, 胡宏昌. 低碳约束下的我国最优城镇规模研究 [J]. 城市发展研究, 2015 (5).

　　[126] 易艳春, 关卫军, 高玉芳. 外商直接投资与中国碳排放关系的实证研究 [J]. 贵州财经大学学报, 2015 (3).

　　[127] 易艳春, 高玉芳. 城市化与中国碳排放的实证研究 [J]. 统计与信息论坛, 2013 (3).

　　[128] 易艳春. 外商直接投资、经济增长与我国碳排放关系的实证研究 [D]. 华中科技大学, 2011.

　　[129] 余晓钟, 侯春华, 汪晓梅. 不同区域类型低碳消费行为模式及引导策略研究 [J]. 软科学, 2013, 27 (6).

　　[130] 余素洁. 产业集群与城市化 [J]. 北方经贸, 2009 (9).

　　[131] 于斌斌, 胡汉辉. 产业集群与城市化的共同演化机制：理论与实证 [J]. 产业经济研究, 2013 (6).

[132] 虞义华, 郑新业, 张莉. 经济发展水平、产业结构与碳排放强度——中国省级面板数据分析 [J]. 经济理论与经济管理, 2011 (3).

[133] 袁富华. 低碳经济约束下的中国潜在经济增长 [J]. 经济研究, 2010 (8).

[134] 曾国平, 刘佳, 曹跃群. 中国服务业发展与城市化关系的区域差异——基于省级面板数据的协整检验 [J]. 山西财经大学学报, 2008, 30 (1).

[135] 张兵兵, 徐康宁, 陈庭强. 技术进步对二氧化碳排放强度的影响研究 [J]. 资源科学, 2014, 36 (3).

[136] 张成, 陆旸, 郭路等. 环境规制强度和生产技术进步 [J]. 经济研究, 2011 (2).

[137] 张换兆, 郝寿义. 城市空间扩张与土地集约利用 [J]. 经济地理, 2008 (3).

[138] 张清, 陶小马, 杨鹏. 碳减排约束条件下的内生经济增长机制研究 [J]. 经济理论与经济管理, 2010 (11).

[139] 张陶新. 中国城市化进程中的城市道路交通碳排放研究 [J]. 中国人口·资源与环境, 2012 (8).

[140] 张翼, 卢现祥. 技术交易与产业集聚互动视角的区域二氧化碳减排研究——来自中国省域层面的经验证据 [J]. 财贸研究, 2015 (5).

[141] 张志喜. 城市交通发展战略与交通政策的思考 [J]. 中国科技信息, 2007 (15).

[142] 张自然. 中国最优与最大城市规模探讨——基于264个城市的规模成本—收益法分析 [J]. 金融评论, 2015 (5).

[143] 赵玉焕, 张继辉. 碳税对我国能源密集型产业国际竞争力影响研究 [J]. 国际贸易问题, 2012 (12).

[144] 赵玮等. 论中部地区产业集聚与城市化之互动 [J]. 地域研究与开发, 2006 (8).

[145] 赵淑玲, 曹康. 产业集群与城市化关系问题研究 [J]. 河南社会科学, 2005, 13 (2).

[146] 郑林昌, 付加锋, 李江苏. 中国省域低碳经济发展水平及其空间过程评价 [J]. 中国人口·资源与环境, 2011, 21 (7).

[147] 郑亚平. 基于我国城市合理规模的理论与实证研究 [J]. 求索, 2006 (9).

[148] 中国科学院可持续发展战略研究组. 2009 中国可持续发展战略报告 [R]. 北京: 科学出版社, 2009.

[149] 中国气候变化国别研究组. 中国气候变化国别研究. 北京: 清华大学出版社, 2000.

[150] 周兵, 蒲勇健. 一个基于产业聚集的西部经济增长实证分析 [J]. 数量经济技术经济研究, 2003 (8).

[151] 周葵, 戴小文. 中国城市化进程与碳排放量关系的实证研究 [J]. 中国人口·资源与环境, 2013 (4).

[152] 周枕戈, 庄贵阳, 陈迎. 低碳城市建设评价: 理论基础、分析框架与政策启示 [J]. 中国人口·资源与环境, 2018 (6).

[153] 朱勤, 魏远涛. 居民消费视角下人口城镇化对碳排放的影响 [J]. 中国人口·资源与环境, 2013 (11).

[154] 朱永彬, 刘晓, 王铮. 碳税政策的减排效果及其对我国经济的影响分析 [J]. 中国软科学, 2010 (9).

[155] 朱跃中. 来中国交通运输部门能源发展与碳排放情景分析 [J]. 中国工业经济, 2001 (12).

[156] 朱智文. 基于产业集聚的城市化和城市化过程中的产业集聚 [J]. 开发研究, 2006 (6).

[157] 庄贵阳, 雷红鹏, 张楚. 把脉中国低碳城市发展: 策略与方法 [M]. 中国环境科学出版社, 2011.

[158] 庄贵阳, 马建平. 适应国际碳市场的国内市场机制与制度建设 [Z]. 内部报告, 2010.

[159] 邹晓周, 曲菲. 绿色节能主义之低碳建筑 [J]. 建筑节能, 2009 (4).

[160] Akihiroo, Mika G, Toshiyuki S. Energy efficiency and agglomeration economies: The case of Japanese manufacturing industries [J]. Regional Science Policy & Practice, 2014, 6 (2): 195 –212.

[161] Alam S, Fatima A, Butt M S. Sustainable developmen in Pakistan in the context of energy consumption demand and environmental degradation [J]. Asian Econ, 2007 (18): 825 –837.

[162] Aldy J E. Divergence in state-level per capita carbon dioxide emissions [J]. Land Econ, 2007, 83 (3): 353 –369.

[163] Al-Mulali, Che Normee Binti Che Sab, Hassan Gholipour Fereidou-

ni. Exploring the bi-directional long run relationship between urbanization, energy consumption, and carbon dioxide emission [J]. Energy, 2012 (46): 156 – 167.

[164] Al-Mulali U, OzturkI. The effect of energy consumption, urbanization, trade openness, industrial output, and the political stability on the environmental degradation in the MENA (MiddleEastandNorthAfrican) region [J]. Energy, 2015 (84): 382 – 389.

[165] Alonso-Lej F, De Linera F A. Resection of the entire sternum and replacement with acrylic resin. Report of a case of giant chondromyxoid fibroma [J]. Journal of Thoracic & Cardiovascular Surgery, 1971, 62 (2): 271 – 280.

[166] Anderson, W P, Kanaroglou P S, Miller E J. Urban form, energy and the environment: A review of issues, evidence and policy [J]. Urban Studies, 1996, 33 (1): 7 – 35.

[167] Anderw K Jorgenson. Does foreign investment harm the air we breathe and the water we drink [J]. Organization Environment, 2007 (20): 137 – 156.

[168] Anqing Shi. The impact of population pressure on global carbon dioxide emissions, 1975 – 1996: Evidence from pooled cross-country data [J]. Ecological Economics, 2003 (44): 29 – 42.

[169] Arellano M, Bond S. Some tests of specification for panel data: Monte Carlo evidence and an application to employment equations [J]. Review of Economic Studies, 1991 (58): 277 – 297.

[170] Au C C, Henderson J V. Are Chinese cities too small? [J]. Review of Economic Studies, 2006, 73 (3): 549 – 576.

[171] Azam M, Khan A Q, Zaman K, Ahmad M. Factors determining energy consumption: Evidence from Indonesia, Malaysia and Thailand [J]. RenewSustain Energy Rev, 2015 (42): 1123 – 1131.

[172] Banister E. Cities, urban form and sprawl. A European perspective. In Transport, urban form and economic growth [R]. Report of the one hundred and thirty seventh round table on transport economics. Paris: OECD Publishing, 2007: 113 – 142.

[173] Baranzini A, Goldemberg J, Speck S. A future of carbon tax [J]. Ecological Economics, 2000, 32 (3): 395 – 412.

[174] Becker R, Henderson V. Effects of air quality regulations on polluting industries [J]. Journal of Political Economy, 2000, 108 (2): 379 – 421.

[175] Bertaud A. The spatial organization of cities: Deliberate outcome or unforeseen consequence? [M]. UC Berkeley: Institute of Urban & Regional Development, 2004.

[176] Bertaud A, Lefèvre B, Yuen B. GHG emissions, urban mobility and efficiency of urban morphology: A hypothesis [R]. Marseille: In Paper presented at Urban Research Symposium, 2009 (6): 28 - 30.

[177] Blundell R, Bond S. Initial conditions and moment restrictions in dynamic panel data models [J]. Journal of Econometrics, 1998, 87 (1): 115 - 143.

[178] Bosetti V, Carraro C, Massetti E et al. Optimal energy investment and R&D strategies to stabilise greenhouse gas atmospheric concentrations [J]. Resource & Energy Economics, 2007, 31 (2): 123 - 137.

[179] Brännlund R, Chung Y, Färe R et al. Emissions trading and profitability: The Swedish pulp and paper industry [J]. Environmental and Resource Economics, 1998, 12 (3): 345 - 356.

[180] Breheny M. The compact city and transport energy consumption [J]. Transactions of the Institute of British Geographers, 1995, 20 (1): 81 - 101.

[181] Brownstone D, Golob T F. The impact of residential density on vehicle usage and energy consumption [J]. Journal of Urban Economics, 2009, 65 (1): 91 - 98.

[182] Brueckner J K. Urban sprawl: diagnosis and remedies [J]. International Regional Science Review, 2000, 23 (2): 160 - 171.

[183] Brulhart M, Shergami F. Agglomeration and growth: Cross-country evidence [R]. ETSG Working Paper, 2008.

[184] Brulhart M, Mathys N. Sectoral agglomeration economies in a panel of European regions [J]. Regional Science and Urban Economics, 2008, 38 (4): 348 - 362.

[185] Bulkeley H, Betsill M M. Cities and climate change: urban sustainability and global environmental governance [M]. London: Routledge, 2005.

[186] Burgalassi D, Luzzati T. Urban spatial structure and environmental emissions:A survey of the literature and some empirical evidence for Italian NUTS 3regions [J]. Cities, 2015 (49): 134 - 148.

[187] Burchfield M, Overman H, Puga D, Turner M A. Causes of sprawl: A portrait from space [J]. The Quarterly Journal of Economics, 2006, 121 (2):

587 – 633.

　　[188] Calino G A. Manufacturing agglomeration economies as return to scale: A production approach [J]. Papers of the Regional Science Association, 1982 (50): 95 – 108.

　　[189] Camagni R, Gibelli M C, Rigamonti P. Urban mobility and urban form: The social and environmental costs of different patterns of urban expansion [J]. Ecological Economics, 2002, 40 (2): 199 – 216.

　　[190] Capello, Roberta, Camagni, Roberto. Beyond optimal city size: An evaluation of alternative urban growth patterns [J]. Urban Studies, 2000 (9): 1479 – 1496.

　　[191] Cervero R. Sustainable new towns: Stockholm's rail-served satellites [J]. Cities, 1995, 12 (1): 41 – 51.

　　[192] Che Y, Lu Y, Tao Z et al. The impact of income on democracy revisited [J]. Journal of Comparative Economics, 2013, 41 (1): 159 – 169.

　　[193] Ciccone A. Input Chains and Industrialization [J]. Review of Economic Studies, 2002 (3): 565 – 587.

　　[194] Ciccone A, Hall R E. Productivity and the density of economic activity [J]. The American Economic Review, 1996 (1): 54 – 70.

　　[195] Ciccone A. Agglomeration effects in Europe [J]. European Economic Review, 2002, 46 (2): 213 – 227.

　　[196] Cole M A, Neumayer E. Examining the impact of demographic factors on air pollution [J]. Population and Environment, 2004 (26): 5 – 21.

　　[197] Copeland B R, Taylor M S. North – South trade and the environment [J]. Quarterly Journal of Economics, 1994 (8): 755 – 785.

　　[198] Copeland B R, Taylor M S. Trade, growth and the environment [R]. Wisconsin Madison: Social Systems, 2003.

　　[199] Crocker T D. The structuring of atmospheric pollution control systems [J]. Economics of Air Pollution, 1966, 29 (2).

　　[200] Dales J H. Pollution, property & prices: An essay in policy-making and economics [J]. Edward Elgar Pub, 1968.

　　[201] Dasgupta S, Laplante B, Wang H, Wheeler D. Confronting the environmental Kuznets curve [J]. The Journal of Economic Perspectives, 2002 (16): 147 – 168.

[202] David Brownstone, Thomas F Golob. The impact of residential density on vehicle usage and energy consumption [J]. Journal of Urban Economics, 2009 (65): 91 – 98.

[203] Dietz T, Rosa E A. Rethinking the environmental impacts of population, affluence, and technology [J]. Human Ecology Review, 1994 (1): 277 – 300.

[204] Dietz T, Rosa E A. Effects of population and affluence on CO_2 emissions [J]. Proceedings of the National Academy of Sciences of the United States of America, 1997, 94 (1): 175.

[205] D Pearce. The role of carbon taxes in adjusting to global warming [J]. The Economic Journal, 1991, 101 (407): 938 – 948.

[206] Duranton G, Puga D. Micro – Foundations of urban agglomeration economies [J]. Handbook of Regional & Urban Economics, 2004, 4 (4): 2063 – 2117.

[207] D W Jorgensen, D T Slesnick & P J Wilcoxen. Carbon taxes and economic welfare, brookings paperson economic activity [J]. Microeconomics, 1992 (1): 393 – 454.

[208] ECOTEC. Reducing transport emissions through planning [M]. HMSO, London: ECOTEC Research and Consulting Limited, 1993.

[209] Ekins S, Speck. Competitiveness and exemptions from environmental taxes in Europe [J]. Environmental and Resource Economics, 1999, 13 (4): 369 – 396.

[210] Eskeland G, Harrison A. Moving to greener pastures? Multinationals and the pollution haven hypothesis [J]. Journal of Development Economics, 2003, 70 (1).

[211] Patacchini E, Zenou Y. Urban sprawl in Europe [J]. Urban Sprawl in Europe: European Environment Agency, 2006: 129 – 148.

[212] European Environment Agency (2006). Urban sprawl in Europe: The ignored challenge [R]. EAA Report, 2006, 10 (2).

[213] Ewing R, Rong F. The impact of urban form on U. S. residential energy use [J]. Housing Policy Debate, 2008, 19 (1): 1 – 30.

[214] Ewing R, Cervero R. Travel and the built environment: A meta-analysis [J]. Journal of the American Planning Association, 2010, 76 (3): 265 – 294.

[215] Ewing R. Travel and the built environment: A synthesis [J]. Transpor-

tation Research Record, 2001, 1780 (1): 265 – 294.

[216] FanY, Liu L, Wu G, Wei Y. Analyzing impact factors of CO_2 emissions using the STIRPAT model [J]. Environmental Impact Assessment Review, 2006 (26): 377 – 395.

[217] Fank A A M, De Leeuw, Moussiopoulos N, Sahm P, Bartonova A. Urban air quality in larger conurbationsin the European Union [J]. Environmental Modeling Software, 2001 (16).

[218] Feng Z, Zou L, Wei Y. The impact of household consumption on energy use and CO_2 emissions in China [J]. Energy, 2011 (36): 656 – 670.

[219] Floater G, Rode P, Robert A et al. Cities and the new climate economy: The transformative role of global urban growth [J]. Lse Research Online Documents on Economics, 2014, 5 (3): 130 – 138.

[220] Fong W, Matsumoto H, Lun Y. Application of System Dynamics Model as decision making tool in urban planning process toward stabilizing carbon dioxide emissions from cities [J]. Building and Environment, 2009 (44): 1528 – 1537.

[221] Fu F, Liu H, Polenske K R, Li Z. Measuring the energy consumption of China's domestic investment from 1992 to 2007 [J]. Appl Energy, 2013 (102): 1267 – 1274.

[222] Fujita M, Thisse J F. The economics of agglomeration: cities, industrial location and regional growth [M]. Cambridge: Cambridge University Press, 2002.

[223] Gaigné C, Stéphane R, Jacques F T. Are compact cities environmentally friendly? [J]. Urban Econ, 2012 (72): 123 – 136.

[224] Gerlagh R. Measuring the value of induced technological change [J]. Energy policy, 2007, 35 (11): 5287 – 5297.

[225] Glaeser E L, Kahn M E. The greenness of cities: Carbon dioxide emissions and urban development [J]. Journal of Urban Economics, 2008, 67 (3): 404 – 418.

[226] Glaeser E L, Kahn K E. Sprawl and urban growth [M]. Cambridge: M A. Harvard Institute of Economic Research, 2003.

[227] Glaeser E L, Kallal H D, Scheinkman J A, Shleifer A. Growth in cities [J]. The Journal of Political Economy, 1992, 100 (6): 1126 – 1152.

[228] Gordon P. , Wong H. L. The costs of urban sprawl: Some new evidence

[J]. Environment and Planning A, 1985, 17 (5): 661 –666.

[229] Grossman G M, Krueger A B. Environmental impacts of a North American Free Trade Agreement [J]. Social Science Electronic Publishing, 1992, 8 (2): 223 –250.

[230] Grossman G M, Krueger A. Economic growth and the environment [J]. The Quarterly Journal of Economics, 1995 (2): 353 –377.

[231] Gu C, Hu L, Zhang X, Wang X, Guo J. Climate change and urbanization in the Yangtze River Delta [J]. Habitat International, 2011 (35): 544 – 552.

[232] Guy S, Marvin S. Models and pathways: the diversity of sustainable urban futures [M]. New York: Routledge, 2000.

[233] Gyberg P, Palm J. Influencing households' energy behavior – how is this done and on what premises? [J]. Energy Policy, 2009, 37 (7): 2807 –2813.

[234] Hettige H, Mani M, Wheeler D. Industrial pollution in economic development: The environmental Kuznets curve revisited [J]. Journal of Development Economics, 2000 (8): 445 –476.

[235] Hansen B E. Inference when a nuisance parameter is not identified under the null hypothesis [J]. Econometrica, 1996 (64): 413 –430.

[236] Hansen B E. Threshold effects in non-dynamic panels: Estimation, testing,and inference [J]. Journal of Econometrics, 1999 (93): 345 –386.

[237] Hansen B E. Sample splitting and threshold estimation [J]. Econometrica, 2000 (68): 575 –603.

[238] Henderson R H. Recommended treatment schedules for gonorrhea: 1974 [J]. Archives of Internal Medicine, 1975, 135 (4): 615 –618.

[239] Herendeen R, Ford C, Hannon B. Energy cost of living1972 – 1973 [J]. Energy, 1981 (6): 1433 –1450.

[240] Hilton F G H, Levinson A. Factoring the Environmental Kuznets Curve: Evidence from automotive lead emissions [J]. Journal of Environmental Economics & Management, 1998, 35 (2): 126 –141.

[241] Holden E, Norland L T. Three challenges for the compact city as a sustainable urban form: Household consumption of energy and transport in eight residential areas in the Greater Oslo region [J]. Urban Studies, 2005, 42 (12): 2145 – 2166.

［242］ Holden E, Linnerud K. Troublesome leisure travel: The contradictions of three sustainable transport policies. Urban Studies, 2011, 48 (14): 3087 – 3106.

［243］ Holtedahl P, Joutz F L. Residential electricity demand in Taiwan ［J］. Energy Econ, 2004 (26): 201 – 224.

［244］ Hoover E M. Location theory and the shoe and leather industries ［M］. Cambridge, MA: Harvard University Press, 1936.

［245］ Horton F E, Reynolds D R. Effects of urban spatial structure on individual behavior ［J］. Economic Geography, 1971, 47 (1): 36 – 48.

［246］ Holtz – Eakin D, Selden T M. Stoking the fires? CO_2 emissions and economic growth ［J］. Journal of Public Economics, 1995 (57).

［247］ Hosoe M, Naito T. Trans-boundary pollution transmission and regional agglomeration effects-super ［J］. Regional Science, 2006 (1): 99 – 120.

［248］ Hoyer K G, Holden E. Household consumption and ecological footprints in norway. Does urban form matter? ［J］. Journal of Consumer Policy, 2003, 26 (3): 327 – 349.

［249］ IPCC. Climate change. The physical science basis ［M］. New York: Cambridge University Press, 2007: 996.

［250］ Jabareen Y R. Sustainable urban forms: Their typologies, models, and concepts ［J］. Journal of Planning Education and Research, 2006 (26): 38 – 52.

［251］ Jacobsen H K. Technology diffusion in energy-economy models: The case of Danish vintage models ［J］. The Energy Journal, 2000, 21 (1): 43 – 71.

［252］ Jacobs J. The economy of cities ［M］. New York: Vintage Books, 1969.

［253］ Jaffe A B, Newell R G, Stavins R N. Environmental policy and technological change ［J］. Environmental and Resource Economics, 2002, 22 (1 – 2): 41 – 70.

［254］ Jayanthakumaran K, Verma R, Liu Y. CO_2 emissions, energy consumption, trade and income: a comparative analysis of China and India ［J］. Energy Policy, 2012 (42): 450 – 60.

［255］ Jones D W. How urbanization affects energy-use in developing countries ［J］. Energy Policy, 1991: 621 – 630.

［256］ Jorgenson A K, Rice J, Clark B. Cities, slums, and energy consumption in less developed countries, 1990 to 2005 ［J］. Organ Environ, 2010 (23):

189 - 204.

［257］Kahn M. The environmental impact of suburbanization ［J］. Journal of Policy Analysis and Management, 2000, 19 (4): 569 -586.

［258］Kamat A, Rose, D Ablerd. The impact of a carbon tax on the Susquehanna River basin economy ［J］. Energy Economics, 1999, 21 (4): 363 - 384.

［259］Kasman A, Duman Y S. CO_2 emissions, economic growth, energy consumption, trade and urbanization in new EU member and candidate countries: A panel data analysis ［J］. Econ Model, 2015 (44): 97 -103.

［260］Kazim A M. Assessments of primary energy consumption and its environmental consequences in the United Arab Emirates ［J］. Renewable and Sustainable Energy Reviews, 2007, 11 (3): 426 -446.

［261］Kessler J, Schroeder W. Meeting mobility and air quality goals: Strategies that work ［J］. Transportation, 1995, 22 (3): 241 -272.

［262］Richard J Arnott. Optimal city size in a spatial economy ［J］. Journal of Urban Economics, 1980 (6): 65 -89.

［263］Krugman P. Geography and trade ［M］. Cambridge: MIT Press, 1991.

［264］Lee S, Lee B. The influence of urban form on GHG emissions in the U. S. household sector ［J］. Energy Policy, 2014 (68): 534 -549.

［265］Lenzen M, Wier M, Cohen C, Hayami H, Pachauri S, Schaeffer R. A comparative multivariate analysis of household energy requirements in Australia, Brazil, Denmark, India and Japan ［J］. Energy, 2006 (31): 181 -207.

［266］LeRoy S F, Sonstelie J. Paradise lost and regained: Transportation innovation, income, and residential location ［J］. Journal of Urban Economics, 1983, 13 (1): 67 -89.

［267］Levinson A. Technology, international trade and pollution from US manufacturing ［J］. American Economic Review, 2009 (5): 2177 -2192.

［268］Liao H, CaoH - S. How does carbon dioxide emission change with the economic development? Statistical experiences from 132 countries globenviron change ［J］. Global Environ mental change, 2013 (23): 1073 -1082.

［269］Liddle B, LungS. Age-structure, urbanization, and climate change in developed countries: Revisiting STIRPAT for disaggregated population and consumption-related environmental impacts ［J］. Popul Environ, 2010 (31): 317 -43.

［270］Liddle B. Demographic dynamics and per capita environmental impact:

Using panel regressions and household decompositions to examine population and transport [J]. Popul Environ, 2004 (26): 23 –39.

[271] Lin B, Ouyang X. Energy demand in China: Comparison of characteristics between the US and China in rapid urbanization stage [J]. Energy Convers Manag, 2014 (79): 128 –39.

[272] Lin S, Zhao D, Marinova D. Analysis of the environmental impact of China based on STIRPAT model [J]. Environmental Impact Assessment Review, 2009 (29): 341 –347.

[273] Liu X, Sweeneya J. Modelling the impact of urban form on household energy demand and related CO_2 emissions in the Greater Dublin region [J]. Energy Policy, 2012 (46): 359 –69.

[274] Liu L, Wu G, Wang J, Wei Y. China's carbon emissions from urban and rural households during 1992 –2007 [J]. Journal of Cleaner Production, 2011 (19): 1754 –1762.

[275] Liu Y. Exploring the relationship between urbanization and energy consumption in China using ARDL (auto regressive distributed lag) and FDM (factor ecomposition model) [J]. Energy, 2009 (34): 1846 –1854.

[276] Lo Alex Y H, Jim C Y. Citizen attitude and expectation towards greenspace provision in compact urban milieu [J]. Land Use Policy, 2012, 29 (3): 577 –86.

[277] M Greenstone. Does air quality matter? Evidence from the housing market [J]. Journal of Political Economy, 2005 (113): 376 –424.

[278] Madlener R, Sunak Y. Impacts of urbanization on urban structures and energy demand: What can we learn for urban energy planning and urbanization management? [J]. Sustain Cities Soc, 2011 (1): 45 –53.

[279] Marshal A. Principles of Economics (eight editions) [M]. London: Macmillan & Co, 1920.

[280] Martı'nez-Zarzoso I, Maruotti A. Theimpact of urbanization on CO_2 emissions: Evidence from developing countries [J]. Ecological Economics, 2011 (70): 1344 –1353.

[281] Matsuhashi K, Ariga T. Estimation of passenger car CO_2, emissions with urban population density scenarios for low carbon transportation in Japan [J]. Iatss Research, 2016, 39 (2): 117 –120.

[282] Matthew A Cole, Robert J R Elliott. FDI and the capital intensity of "dirty" sectors: A missing piece of the pollution haven puzzle [J]. Review of Development Economics, 2005, 60 (8): 84 –98.

[283] Meijers E, Burger M J. Spatial structure and productivity in US metropolitan areas [J]. Environment and Planning A, 2010 (42): 1383 –1402.

[284] Mindali O, Raveh A, Salomon I. Urban density and energy consumption: A new look at old statistics [J]. Transportation Research Part A Policy & Practice, 2004, 38 (2): 143 –162.

[285] Montero J P. Marketable pollution permits with uncertainty and transaction costs [J]. Resource & Energy Economics, 1998, 20 (1): 27 –50.

[286] Montgomery W D. Markets in licenses and efficient pollution control programs [J]. Journal of Economic Theory, 1972, 5 (3): 395 –418.

[287] Muñiz I, Calatayud D, Dobaño R. The compensation hypothesis in Barcelona measured through the ecological footprint of mobility and housing [J]. Landscape & Urban Planning, 2013, 113 (3): 113 –119.

[288] Muniz I, Galindo A. Urban form and the ecological footprint of commuting. The case of Barcelona [J]. Ecological Economics, 2005, 55 (4): 499 –514.

[289] Nakata A, Lamont D. Analysis of the Impacts of carbon taxes on energy systems in Japan [J]. Energy Policy, 2001, 29 (2): 159 –166.

[290] Nansaior A, Patanothai A, Rambo A T, Simaraks S. Climbing the energy ladder or diversifying energy sources? The continuing importance of house-hold use of biomass energy in urbanizing communities in Northeast Thailand [J]. Biomass and Bioenergy, 2011 (35): 4180 –4188.

[291] Nejat P, Jomehzadeh F, Taheri M M, Gohari M, Abd Majid M Z. A global review of energy consumption, CO_2 emissions and policy in the residential sector (with an over view of the top ten CO_2 emitting countries) [J]. Renew Sustain Energy Rev, 2015 (43): 843 –862.

[292] Newman P, Kenworthy J. Sustainability and Cities, Overcoming Automobile Dependence [M]. Washington DC: Island Press, 1999.

[293] Newman P W G, Kenworthy J R. The land use-transport connection an overview [J]. Land use policy, 1996, 13 (1): 1 –22.

[294] Newman P, Kenworthy J. Cities and automobile dependence: An international sourcebook [M]. Brookfield: Gower Publishing, 1989.

［295］ Newman P, Kenworthy J. Sustainability and cities: Overcoming auto-mobiledependence ［M］. Washington DC: Island Press, 1999.

［296］ NormanJ, MacLean H L, Kennedy C A. Comparing high and low resi-dential density: Lifecycle analysis of energy use and greenhouse gas emissions ［J］. Journal of Urban Planning and Development, 2006, 132 (1): 10 – 21.

［297］ O'Neill B C, Ren X, Jiang L, Dalton M. The effect of urbanization on energy use in India and China in the iPETS model ［J］. Energy Econ, 2012 (34): 339 – 335.

［298］ Pachauri S, Jiang L. The household energy transition in India and China ［J］. Energy Policy, 2008 (36): 4022 – 4035.

［299］ Panayotou T. Empirical tests and policy analysis of environmental degra-dation at different stages of economic development ［J］. Ilo Working Papers, 1993 (4).

［300］ Parikh J, Shukla V. Urbanization, energy use and greenhouse effects in economic development: results from a cross-national study of developing countries ［J］. Global Environmental Change, 1995 (5): 87 – 103.

［301］ Park H, Andrews C. City planning and energy use ［J］. Encyclopedia of Energy, 2018.

［302］ Parr J B. The polycentric urban region: A closer inspection ［J］. Regional Studies, 2004, 38 (3): 231 – 240.

［303］ Pesaran M H, Shin Y, Smith R J. Bounds testing approaches to the analysis of level relationships ［J］. Journal of Applied Econometrics, 2001, 16 (3): 289 – 326.

［304］ Permana A S, Perera R, Kumar S. Understanding energy consumption pattern of households in different urban development forms: A comparative study in Bandung City, Indonesia ［J］. Energy Policy, 2008 (36): 4287 – 4297.

［305］ Pfaff A S P, Chaudhuri S, Nye L M. Household Production and Envi-ronmental Kuznets Curves ［J］. Environmental & Resource Economics, 2004, 27 (2): 187 – 200.

［306］ Poumanyvong P, Kaneko S. Does urbanization lead to less energy use and lower CO_2 emissions? ［J］. Ecological Economics, 2010, 70 (2): 434 – 444.

［307］ Poumanyvong P, Kaneko S, Dhakal S. Impacts of urbanization on national transport and road energy use: Evidence from low, middle and high income countries [J]. Energy Policy, 2012, 46 (3): 268 – 277.

[308] Porter M E. Clusters and the new economics of Competition [J]. Harvard Business, 1998 (6): 77 – 91.

[309] Q M Liang, Y Fan, Y M Wei. Carbon taxation policy in China: How to protect energy-and trade-intensive sectors [J]. Journal of Policy Modeling, 2007, 29 (2): 311 – 333.

[310] R H Coase. The Problem of Social Cost [J]. The Journal of Law and Economics, 1960 (3): 1 – 44.

[311] Richardson H W. The economics of urban size [M]. Lexington: Saxon House, 1973: 11 – 14.

[312] Rodriguez D A, Targa F, Aytur S A. Transport implications of urban containment policies: A study of the largest twenty-five US metropolitan areas [J]. Urban Studies, 2006, 43 (10): 1879 – 1897.

[313] Ronald L Moomaw. Agglomeration economies: Are they exaggerated by industrial aggregation? [J]. Regional Science and Urban Economics, 1998, 28 (2): 199 – 211.

[314] Schwanen T, Dijst M, Dieleman F M. Policies for urban form and their impact on travel: The Netherlands experience [J]. Urban Stud, 2004, 41 (3): 579 – 603.

[315] Segal D. Are there returns to scale in city size? [J]. The Review of Economics and Statistics, 1976, 58 (3): 339 – 350.

[316] Shaojian Wang, Chuanglin Fang, Xingliang Guan, Bo Pang, Haitao Ma. Urbanisation, energy consumption, and carbon dioxide emissions in China: A panel data analysis of China's provinces [J]. Applied Energy, 2014 (136): 738 – 749.

[317] Shafik N. Economic development and environmental quality: An econometric analysis [R]. Oxford Economic Papers, 1994 (46): 757 – 773.

[318] Sharif Hossain M. Panel estimation for CO_2 emissions, energy consumption, economic growth, trade openness and urbanization of newly industrialized countries [J]. Energy Policy, 2011 (39): 6991 – 6999.

[319] Sharma S S. Determinants of carbon dioxide emissions: Empirical evidence from 69 countries [J]. Appl Energy, 2011 (88): 376 – 382.

[320] Shen L, Cheng S, Gunson A J, Wan H. Urbanization, sustainability

and the utilization of energy and mineral resources in China ［J］. Cities, 2005 (22): 287 – 302.

［321］ Shobhakar D. Urban energy use and carbon emissions from cities in China and policy implications ［J］. Energy Policy, 2009 (37): 4208 – 4219.

［322］ Snellen D, Borgers A, Timmermans H. Urban form, road network type, and mode choice for frequently conducted activities: A multilevel analysis using quais-experimental design data ［J］. Environment and Planning A, 2002 (34): 1207 – 1220.

［323］ Stavins R N. Transaction costs and tradable permits ［J］. Journal of Environmental Economics & Management, 1995, 29 (2): 133 – 148.

［324］ Stead D. Relationships between land use, socioeconomic factors, and travel patterns in Britain ［J］. Environment and Planning B, 2001 (8): 499 – 528.

［325］ Steg L. Promoting household energy conservation ［J］. Energy Policy, 2008, 36 (12): 4449 – 4453.

［326］ Stone B et al. Is compact growth good for air quality? ［J］. Journal of the American Planning Association, 2007 (73): 404 – 418.

［327］ Stone B Jr. , Rodgers M O. Urban form and thermal efficiency: How the design of cities influences the urban heat island effect ［J］. Journal of the American Planning Association, 2001, 67 (2): 186 – 198.

［328］ Su Q. The effect of population density, road network density, and congestion on household gasoline consumption in US urban areas ［J］. Energy Economics, 2011, 33 (3): 445 – 452.

［329］ T Muneera A N, Celikb N C. Sustainable transport solution for a medium-sized town in Turkey – A case study ［J］. Sustainable Cities and Society, 2011, I (1): 29 – 37.

［330］ Travisi C M, Camagni R, Nijkamp P. Impacts of urban sprawl and commuting: A modelling study for Italy ［J］. Journal of Transport Geography, 2010, 18 (3): 382 – 392.

［331］ Tucker M. Carbon dioxide emissions and global GDP ［J］. Ecological Economics, 1995 (15).

［332］ UN Habitat. United Nations Human Settlement Programme. Planning and design for sustainable urban mobility: Global report on human settlements ［R］.

Abingdon, Oxon: Routledge, 2013 (January 2014 Revision).

[333] Verhoef E, Nijkamp P. Urban environmental extemalities, agglomeration forces, and the technological deusex machine [J]. Environment and Planning A, 2008.

[334] Virkanen J. Effect of urbanization on metal deposition in the Bay of Töölönlahti, Southern Finland [J]. Marine Pollution Bulletin, 1998, 36 (9): 729 –738.

[335] Chen W Y. The costs of mitigating carbon emissions in China: Findings fr om China M ARKAL – MACRO Modeling [J]. Energy Policy, 2005 (7): 885 – 896.

[336] Wang Y, Zhao T. Impacts of energy-related CO_2 emissions: Evidence from under developed, developing and highly developed regions in China [J]. Ecol Indic, 2015 (50): 186 –195.

[337] Wei B, Yagita H, Inaba A, Sagisaka M. Urbanization impact on energy demand and CO_2 emission in China [J]. Journal of Chongqing University, 2003 (2): 46 –50.

[338] Zhong X, Zhang C. Can China afford to commit itself an emissions cap? An economic and political analysis [J]. Energy Economics, 2000, 22 (6): 587 – 614.

[339] Yamagata Y, Seya H. Simulating a future smart city: An integrated land use energe model [J]. Appl Energy, 2013 (112): 1466 –1474.

[340] Yao Yongling. Energy consumption and space density in urban area [J]. Energy Procedia, 2011 (5): 895 –899.

[341] Yuan X, Lei L, Yang W. Change of energy consumption with the process of industrialization, urbanization in Shaanxi [J]. Statistics & Information Forum, 2010 (25): 77 –82.

[342] Zhang C, Lin Y. Panel estimation for urbanization, energy consumption and CO_2 emissions: A regional analysis in China [J]. Energy Policy, 2012 (49): 488 –498.

[343] Zheng S, Wang R, Glaeser E L et al. The greenness of China: household carbon dioxide emissions and urban development [J]. Nber Working Papers, 2009, 11 (5): 761 –792.

[344] Zhou W, Zhu B, Chen D, Griffy – Brown C, Ma Y, Fei W. Energy

consumption patterns in the process of China's urbanization [J]. Popul Environ, 2011 (33): 202 – 220.

[345] Zhu Q, Peng X. The impacts of population change on carbon emissions in China during 1978 – 2008 [J]. Environ Impact Assess Rev, 2012 (36): 1 – 8.